Dieses Buch gehört:

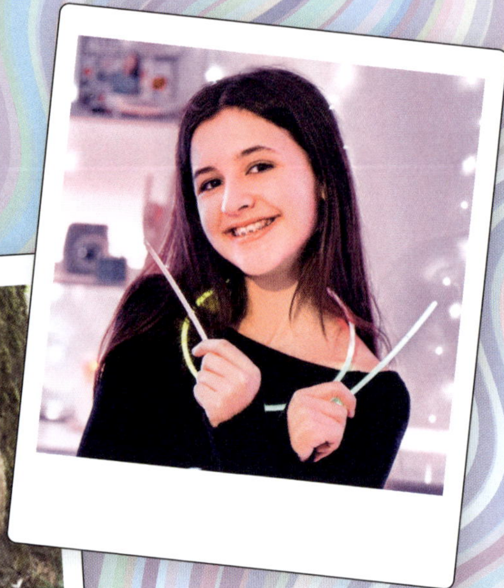

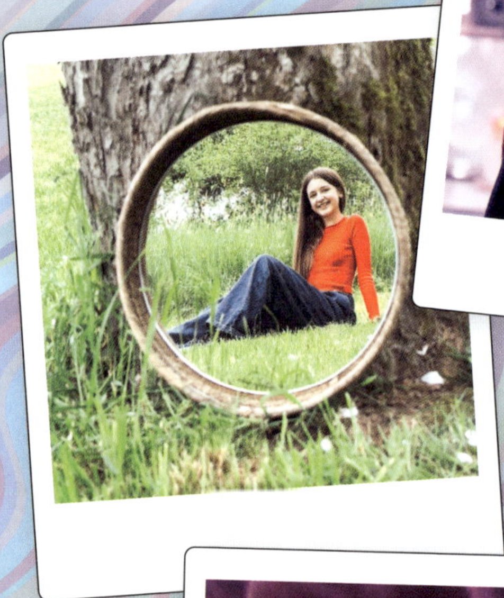

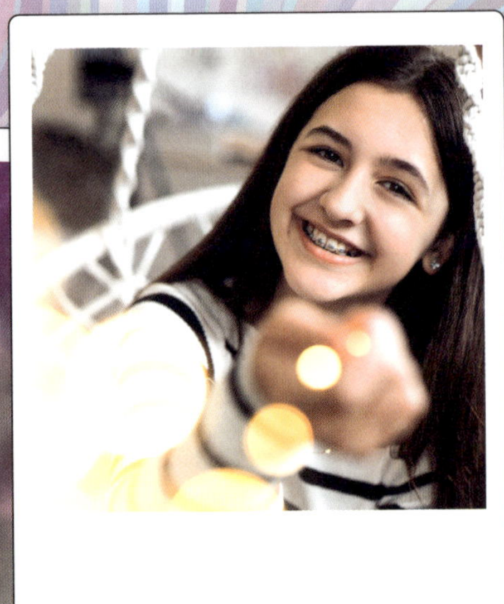

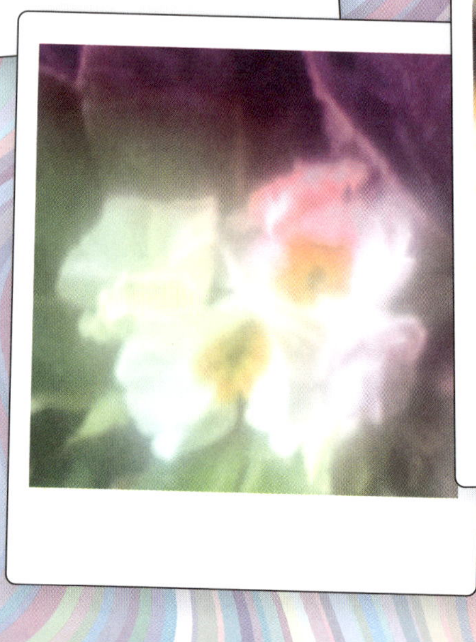

DEINE 30-TAGE-FOTO-CHALLENGE

ALLES AVA

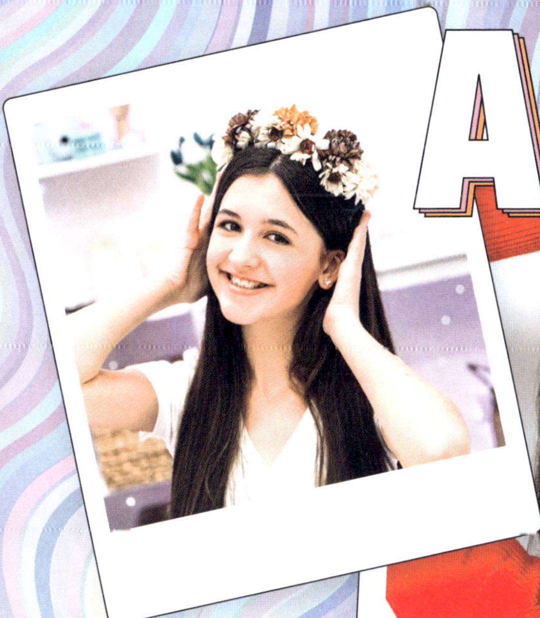

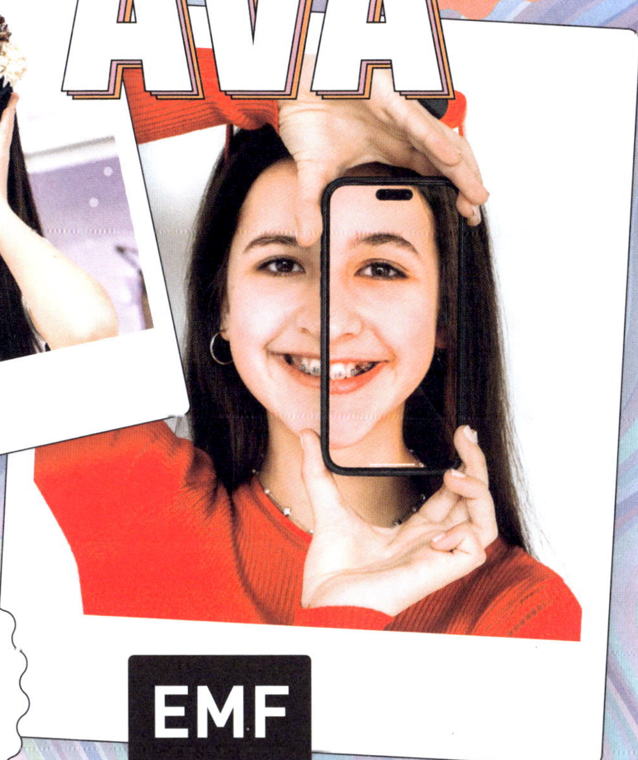

+ EASY FOTO-HACKS UND ULTIMATIVE TIPPS FÜR KREATIVE MOTIVE

EMF

EIN BUCH DER EDITION MICHAEL FISCHER

Hi Leute, ich bin Ava vom YouTube-Kanal Alles Ava!

Wer mich kennt, weiß bestimmt auch, dass ich Challenges total liebe. Es macht einfach mega Spaß, sich immer wieder Herausforderungen zu stellen und etwas Neues auszuprobieren.

Wenn du mir auf Instagram @alles_ava folgst, ist dir bestimmt auch schon aufgefallen, dass ich supergerne Fotos mache. Ich stehe zwar meistens vor der Kamera, aber auch als Fotografin macht mir das Experimentieren und Fotografieren richtig Spaß.

Und was liegt da näher, um meine beiden großen Leidenschaften zusammenzubringen, als eine Foto-Challenge? Zusammen mit meiner Lieblingsfotografin Sarah habe ich ganz viele kreative und lustige Fotoideen für dich gesammelt und umgesetzt.

Diese 30-Tage-Foto-Challenge soll dich dazu inspirieren, deiner Kreativität beim Fotografieren freien Lauf zu lassen. Lass dich nicht von den Idealbildern, die du auf Social Media häufig siehst, unter Druck setzen. Fotografie soll vor allem Spaß machen. Schnapp dir dein Handy und los geht's!

Du kannst die Projekte alle mit dem Smartphone umsetzen. Falls du eine Kamera hast, experimentiere aber auch gerne einmal damit. Manchmal ist es spannend, sich den Unterschied bestimmter Effekte zwischen Handy- und Kamerafoto anzuschauen.

Deine liebsten Fotos kannst du in dieses Buch einkleben und dir eine passende Caption dazu überlegen.

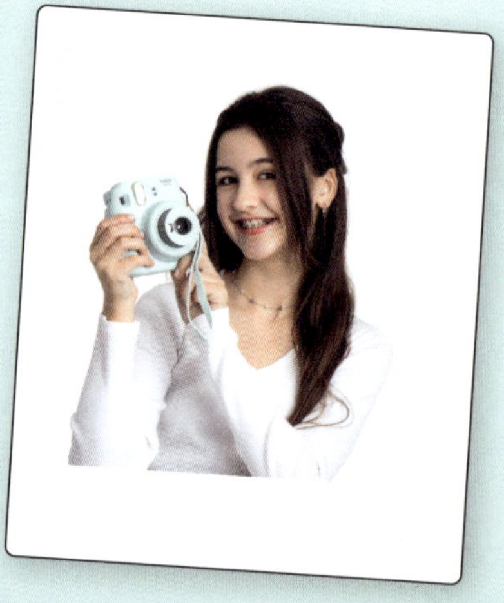

Wir wünschen dir viel Spaß beim Fotografieren und sind natürlich supergespannt auf deine Bilder. Wenn du Lust hast, kannst du sie gerne unter #allesava_fotochallenge mit uns teilen.

LYSM,

Ava

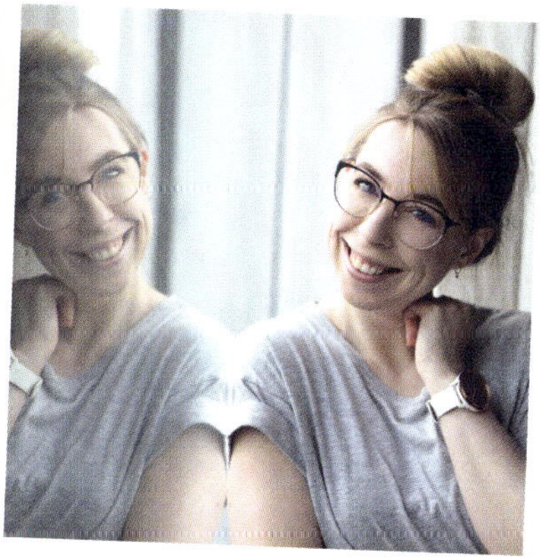

Das ist Sarah!

Sarah hat schon in ihrer Schulzeit mit der Fotografie begonnen und sich dann, nach Ihrer Ausbildung zur Fotografin, 2011 ihren langjährigen Traum vom eigenen Fotostudio erfüllt. Ihr Schwerpunkt liegt auf der People-Fotografie. Sie liebt es, die verschiedensten Charaktere vor der Linse zu haben und mit ihnen gemeinsam kreative Projekte umzusetzen.

Sarah hat auch schon die Fotos für alle meine anderen Buchprojekte gemacht, und die Shootings mit ihr machen immer total viel Spaß.

In der 30-Tage-Foto-Challenge hat sie ganz viele praktische Tipps und Tricks für dich gesammelt, sodass du unsere Fotoideen supereasy umsetzen kannst.

MEHR VON ALLES AVA FINDEST DU HIER:

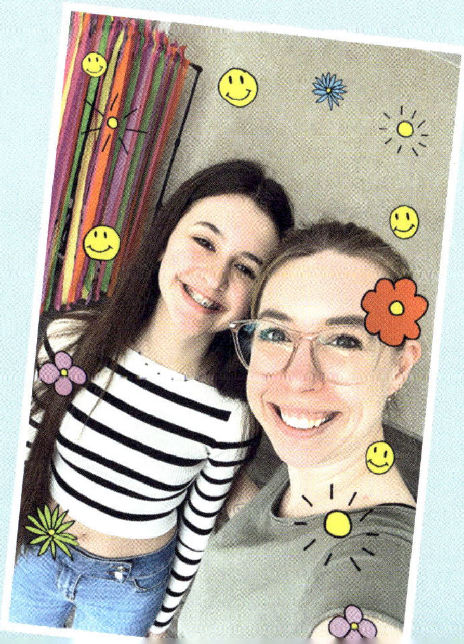

INHALT

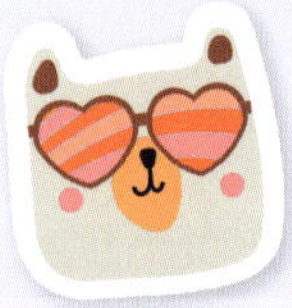

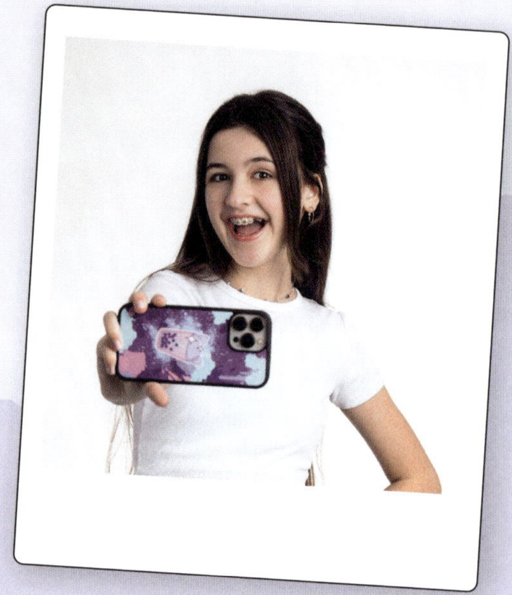

Diese Übersicht findest du bei jeder Challenge. Die drei Symbole zeigen dir folgendes auf einen Blick:

Kannst du diese Challenge alleine umsetzen? Oder benötigst du dafür eine oder mehrere andere Personen?

Dieses Symbol ist farbig, wenn du die Challenge mit der Selbstauslöserfunktion umsetzen kannst. Ist dies nicht der Fall, ist das Symbol verblasst.

Dieses Symbol ist farbig, wenn du die Challenge gut draußen in der Natur, auch ohne eine Person vor der Kamera, umsetzen kannst. Ist dies nicht der Fall, ist das Symbol verblasst.

1+
Personenanzahl

Selbstauslöser

Blume

FOTO-TIPPS

Linse sauber?

Unser Handy ist jeden Tag allen möglichen äußeren Einflüssen ausgesetzt. Es liegt auf dem Tisch, steckt in der Hosentasche oder auch in unserer Handtasche. Überall lauern Dreck, Fussel und andere Dinge, welche die Linse verschmutzen können. Diese sorgen für Flecken auf deinen Bildern oder sogar für unscharfe Bildergebnisse. Daher solltest du vor allem deine Handykamera vor jedem Foto kurz säubern. Bei größeren Kameras sind die Linsen in der Regel durch einen Deckel geschützt, prüfe aber auch hier deine Linse auf Verschmutzungen, bevor du mit dem Fotografieren startest.

Hand ruhig halten

Beim Fotografieren ist es besonders wichtig, dass du während des Auslösens Wackler vermeidest, damit keine Verwacklungsunschärfe auf deinem Bild entsteht. Wenn du beide Hände frei hast, empfehle ich dir, während des Fotografierens dein Handy bzw. deine Kamera mit beiden Händen so ruhig wie möglich zu halten.

Porträtfunktion des Handys testen

Um dein Motiv in den Fokus zu setzen, gibt es mittlerweile eine Porträtfunktion. Bei dieser wird der Hintergrund unscharf gestellt und der Blick somit mehr auf das Motiv gelenkt.

Fokus setzen

Setze den Fokus deines Bildes auf das gewünschte Motiv. Dies ist am Handy (ebenso bei den meisten großen Kameras) durch Tippen mit dem Finger auf das Motiv am Bildschirm möglich. Achte darauf, dass der Fokus auch auf der gewünschten Stelle landet. Je kleiner dein Bildschirm, desto schneller vertippst du dich. Handys aktualisieren den Fokus oft von alleine. Wenn du dies nicht möchtest, kannst du durch langes Tippen auf den Bildschirm die sogenannte „AE/AF-Sperre“ aktivieren. Wenn diese aktiv ist, bleibt die Schärfe dort, wo du sie gesetzt hast.

Richtig belichten

In der Regel funktioniert die automatische Belichtung von Handys und Kameras sehr gut. Trotzdem gibt es Situationen, in denen diese überfordert sind. Das geschieht z. B., wenn du gegen die Sonne fotografierst. Ist dein Motiv zu hell oder zu dunkel, solltest du die Helligkeit anpassen. Am Handy machst du dies, indem du auf dein Motiv tippst und die Sonne, die neben dem Kästchen erscheint, nach oben (heller) oder unten (dunkler) ziehst. Bei großen Kameras gibt es in der Regel ein extra Rädchen für die Belichtungskorrektur. Diese steht ursprünglich auf 0 und kann bis -3/+3 angepasst werden.

Licht beobachten

Das Licht ist beim Fotografieren einer der grundlegenden Faktoren, denn ohne Licht kein Foto. Schaue, bevor du ein Foto machst, mal ganz bewusst, wo das Licht herkommt, und positioniere dein Motiv im Licht. Indoor kommt das Licht in der Regel durch ein Fenster. Personen sollten also mit dem Gesicht zum Fenster stehen, damit viel Licht ins Gesicht fällt.

Das Bild füllen

Wenn es schnell gehen muss, passiert es manchmal, dass wir auf unseren Fotos unnötigen leeren Raum haben. Dies verändert die Bildwirkung, denn das Motiv wirkt dann oft etwas verloren. Natürlich kannst du dein Foto auch im Nachhinein noch enger schneiden, allerdings verlierst du dadurch wertvolle Pixel und verringerst somit die Bildqualität. Versuche also, direkt beim Fotografieren darauf zu achten, dass du den Bildausschnitt so wählst, wie du ihn am Ende haben möchtest.

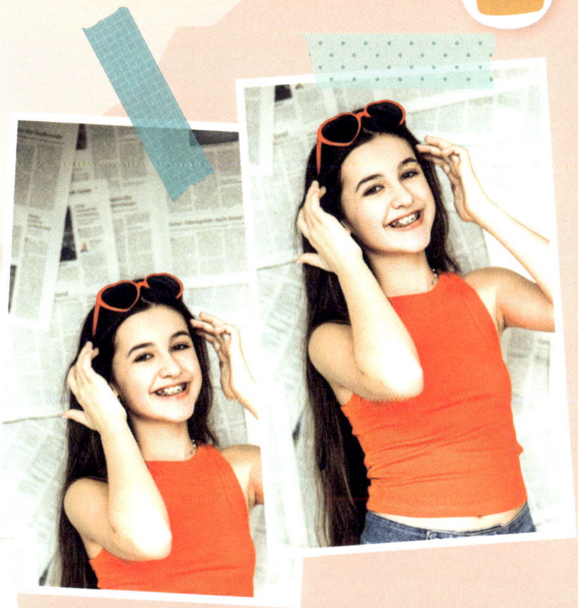

Blitz deaktivieren

In automatischen Kameramodi ist oft der integrierte Blitz aktiviert. Sobald es nicht mehr ganz so hell ist, wird dieser von der Kamera eingeschaltet. Der Blitz leuchtet zwar alles heller aus, zerstört aber auch die vorhandene Lichtstimmung. Ich empfehle dir daher, den Blitz erst einmal zu deaktivieren und nur bei Bedarf zu nutzen.

Drittellinie nutzen

Bei jeder Kamera und auch bei deinem Handy kannst du ein Drittelraster einblenden. Wenn du wichtige Bildelemente auf eine der Drittellinien setzt, wirken diese spannender. Probiere es mal aus.

Wann gibt es das schönste Licht?

Der Sonnenstand und das Wetter können die Lichtstimmung auf unseren Fotos maßgeblich beeinflussen. Vermeide die harte Mittagssonne und nutze die tieferstehende Sonne für deine Outdoorfotos. Sonnenaufgang und -untergang, Dämmerung und die blaue Stunde (das sind ein paar Minuten nach der Dämmerung, bevor es ganz dunkel wird) sind besonders schön zum Fotografieren. Wenn es aber nicht anders geht, dann suche an sonnigen Tagen Schattenplätze auf. Dort ist das Licht nicht so hart, und man kann die Augen besser offenhalten, wenn man fotografiert wird.

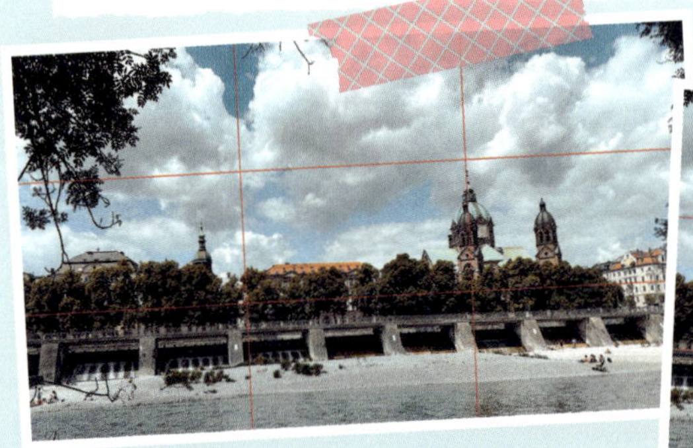

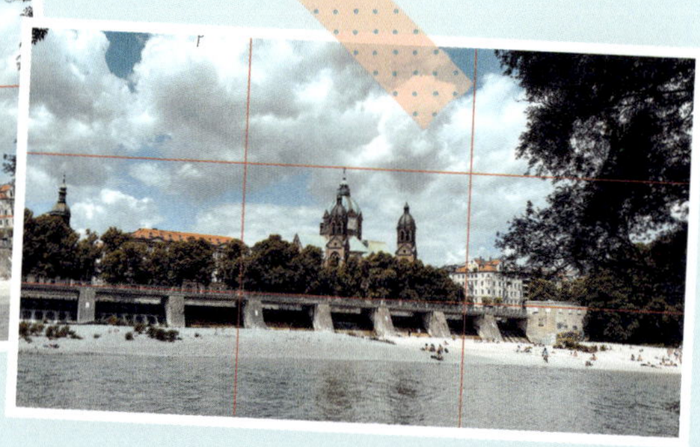

Horizont gerade ausrichten

Wenn du draußen fotografierst, achte darauf, dass dein Bild nicht kippt. Wenn du den Horizont gerade ausrichtest, wirkt dein Bild direkt harmonischer und professioneller.

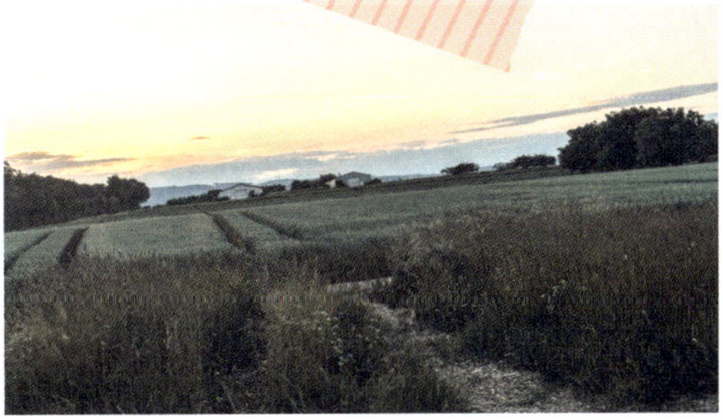

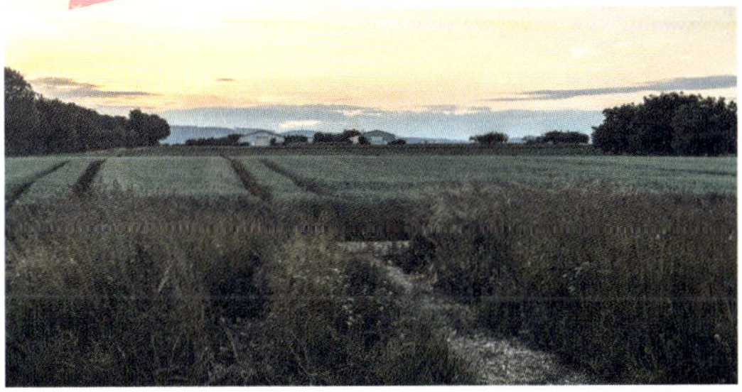

Handystativ für Selbstporträts

Besorge dir für Selbstporträts ein Stativ. Dann kannst du den Selbstauslöser nutzen und experimentieren, ohne auf andere Personen angewiesen zu sein.

Kein digitaler Zoom

Sofern möglich, verzichte auf den digitalen Zoom, denn dieser verschlechtert die Bildqualität. Dies ist der Zoom, den man aktiviert, wenn man mit zwei Fingern am Bildschirm heranzoomt. Nutze lieber ein anderes Objektiv deiner Kamera (Handys haben mittlerweile auch mehrere Objektive zur Auswahl) oder bewege dich, um den Abstand zu deinem Motiv anzupassen.

Bildbearbeitung am Handy ausprobieren

Wenn du deine Fotos gemacht hast, kannst du verschiedene Apps zur Bildbearbeitung testen. Diese geben dir die Möglichkeit, deine Bilder farblich anzupassen oder auch den Ausschnitt nochmal zu korrigieren.

MAKING-OF

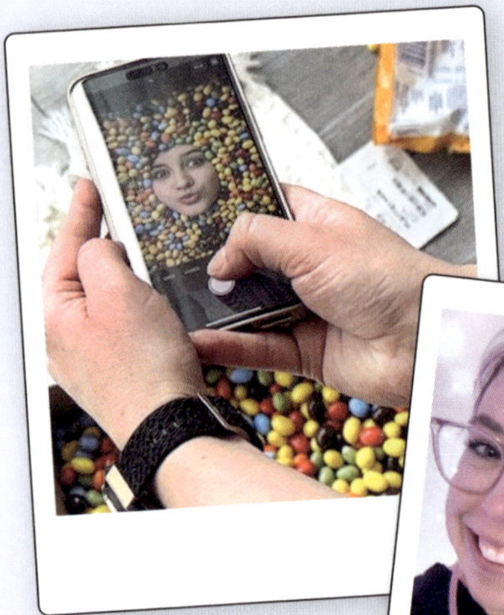

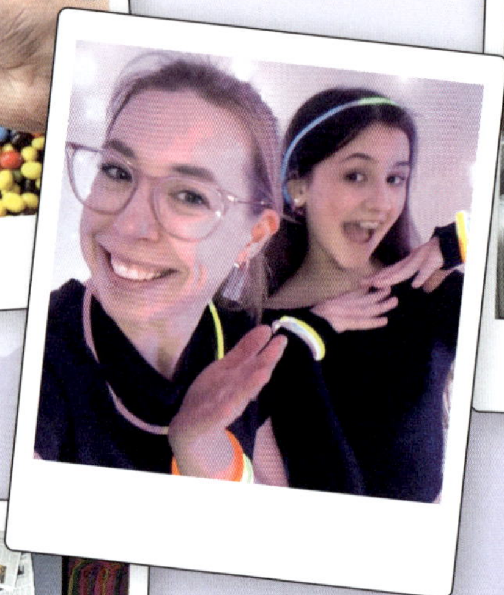

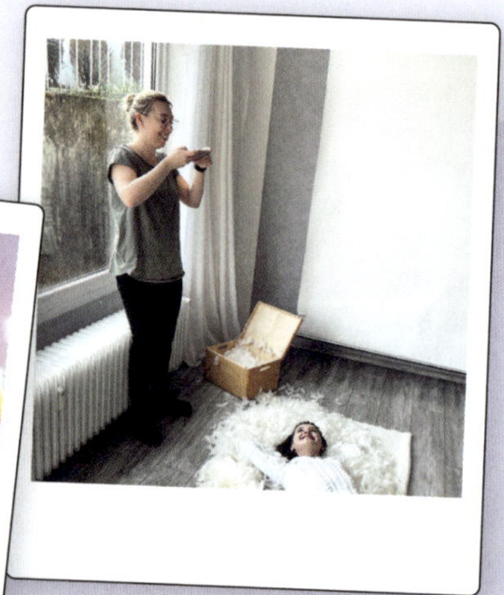

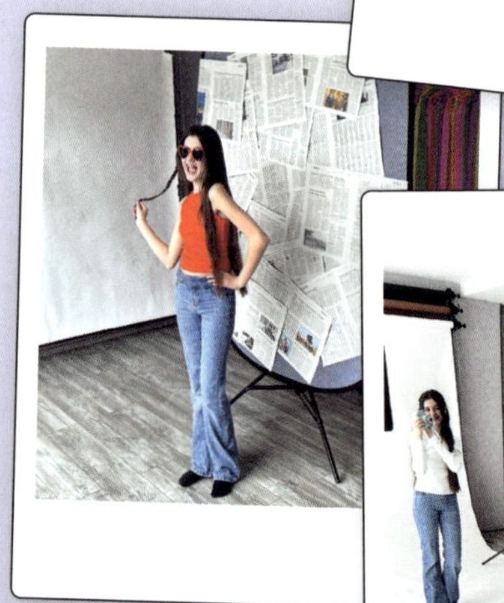

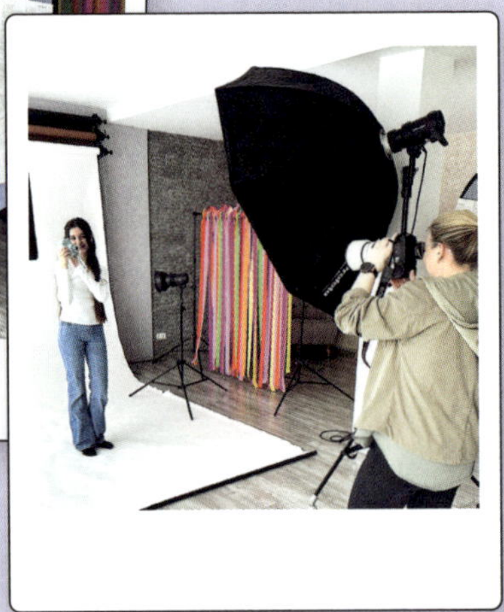

Schau mal – so sah es hinter den Kulissen bei unseren Shootings aus!

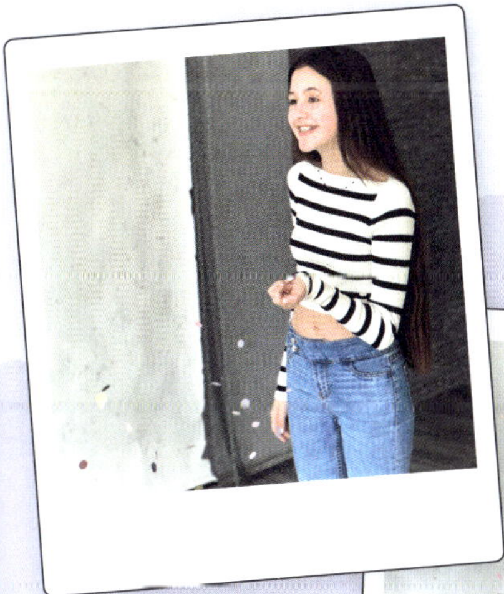

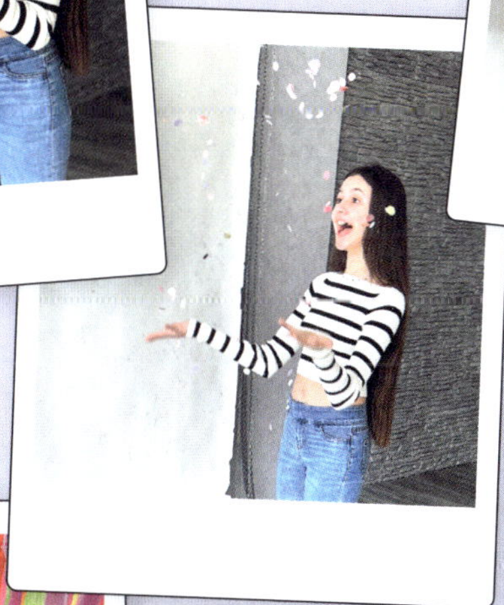

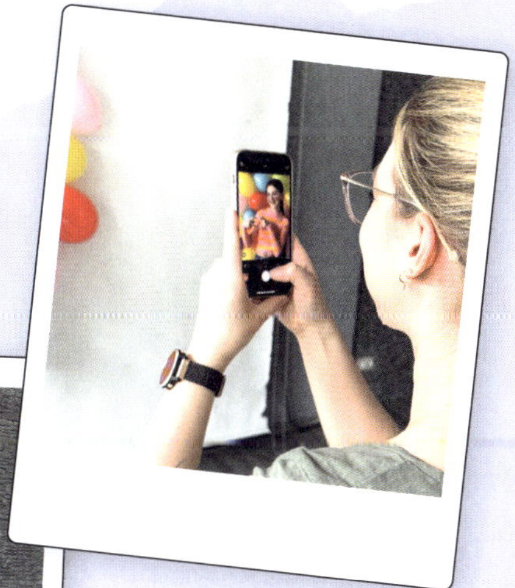

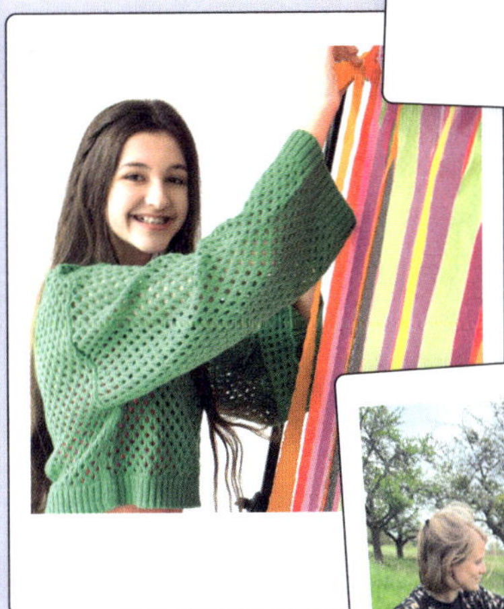

Die QR-Codes im Buch führen dich zu weiteren spannenden Behind-the-Scenes-Einblicken.

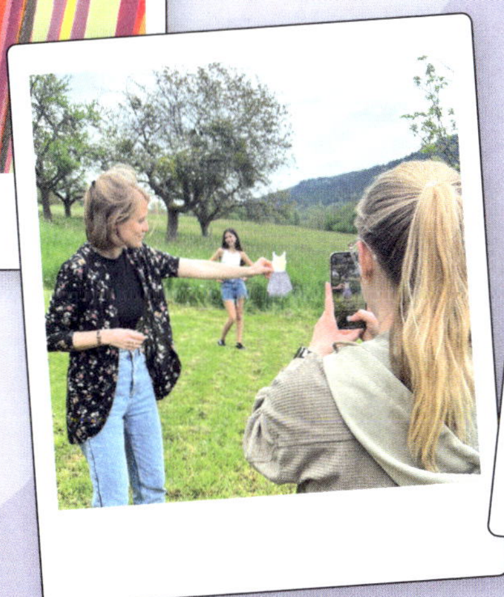

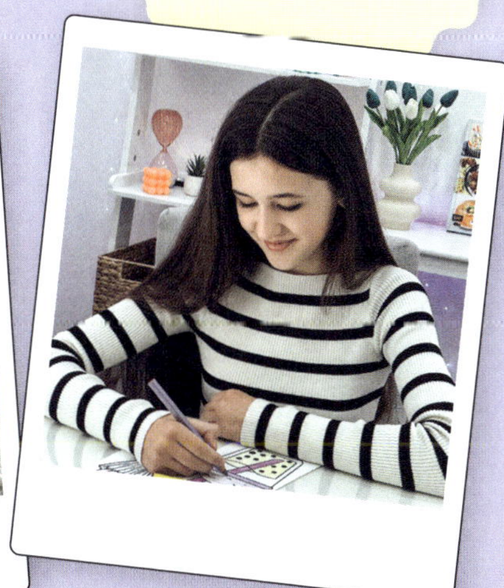

Cooler DIY-PARTYVORHANG

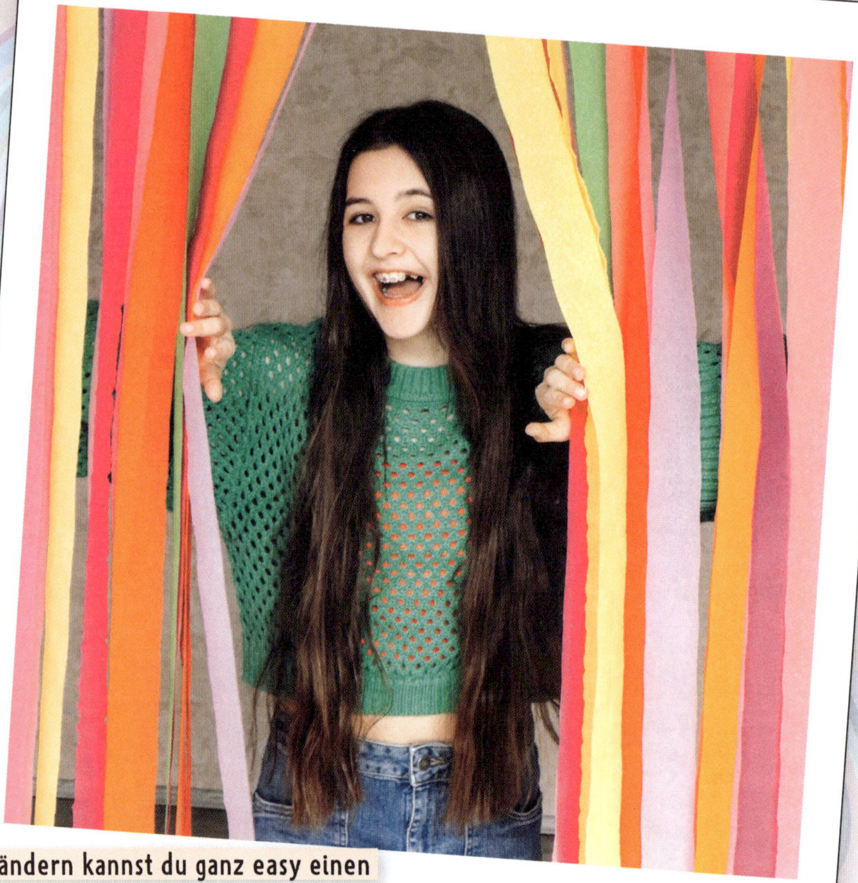

Aus Kreppbändern kannst du ganz easy einen bunten Vorhang in deinen Lieblingsfarben gestalten. Er eignet sich super als Hintergrund für lustige Bilder und ist gleichzeitig eine coole Deko für deine nächste Party.

1+

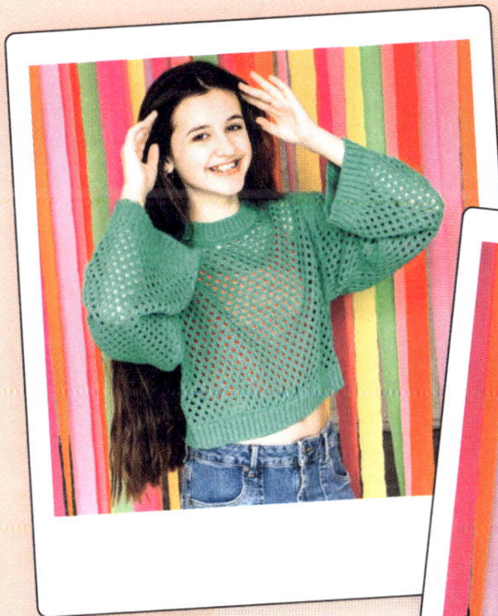

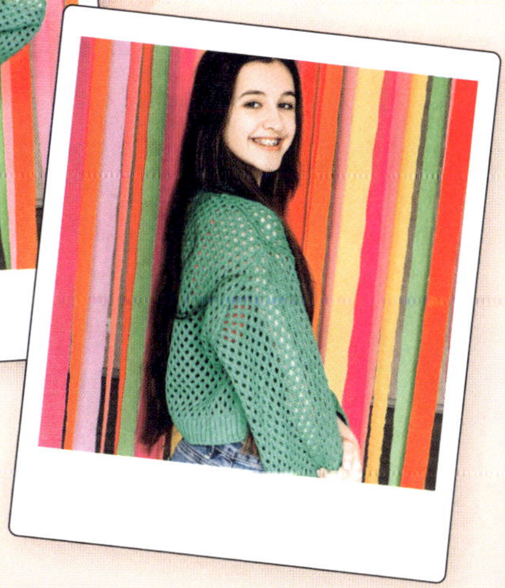

DAS BRAUCHST DU:

- bunte Kreppbänder
- Schnur oder Kordel, z. B. Paketband

So geht's:

Für diesen individuellen Fotohintergrund benötigst du bunte Kreppbänder in deinen Lieblingsfarben. Als Erstes spannst du eine stabile Schnur an einer Wand entlang oder durch dein Zimmer. Wichtig ist, dass du die Schnur gut befestigst. Nun knotest du deine Kreppbänder nebeneinander an diese Schnur. Die Länge des Vorhangs kannst du frei wählen. Schneide die Bänder einfach an der entsprechenden Stelle ab und schon ist dein Partyvorhang fertig.

TIPP

Wenn du kein Kreppband hast, dann schau doch mal, was du sonst an Bändern zu Hause findest. Breites Geschenkband eignet sich ebenfalls.

MAKING-OF

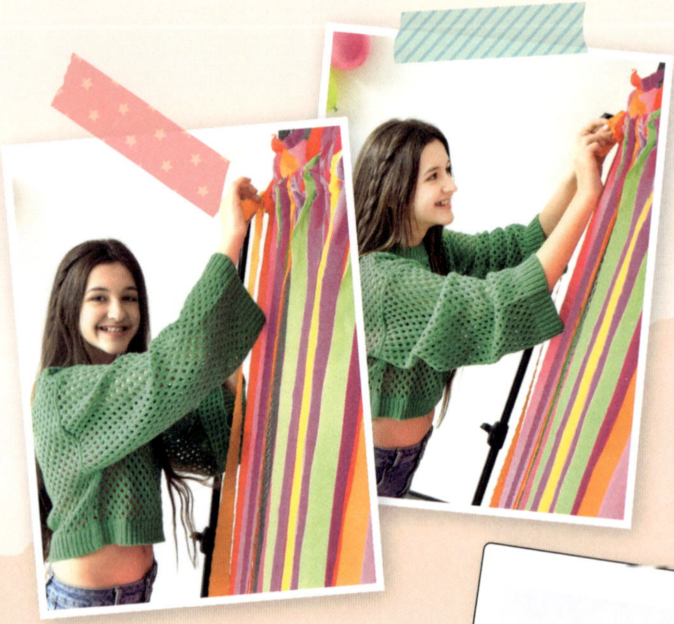

BEHIND THE SCENES

Deine Caption

RETROWAND
aus Zeitungspapier

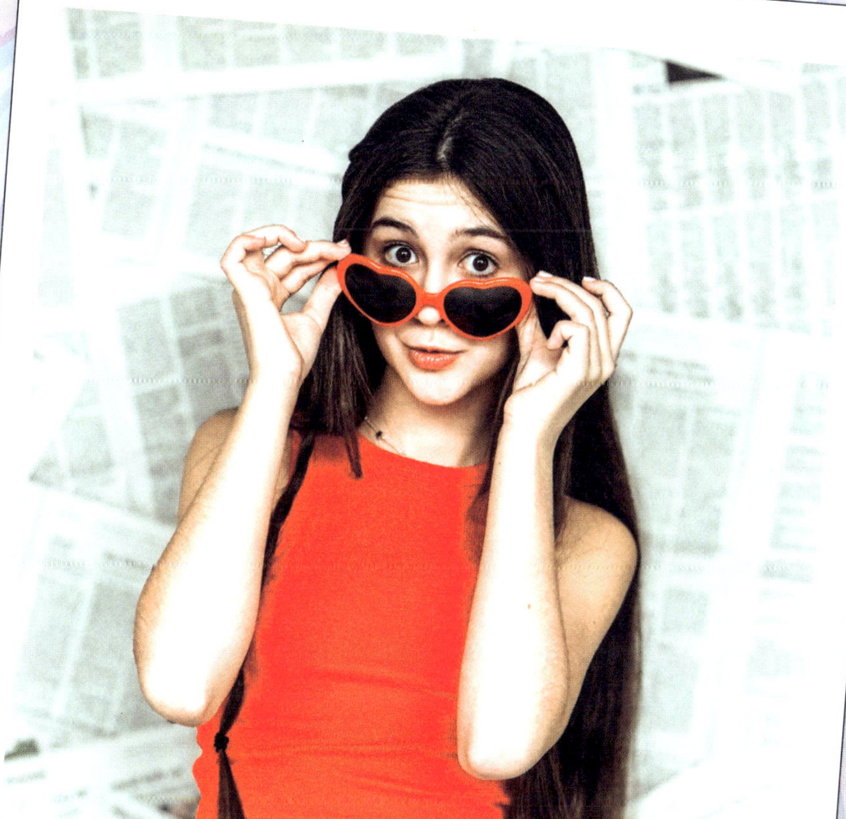

Was gibt es Cooleres als Upcycling? Aus alten Zeitungen wird in wenigen Minuten ein kreativer Hintergrund für deine Fotos.

1+

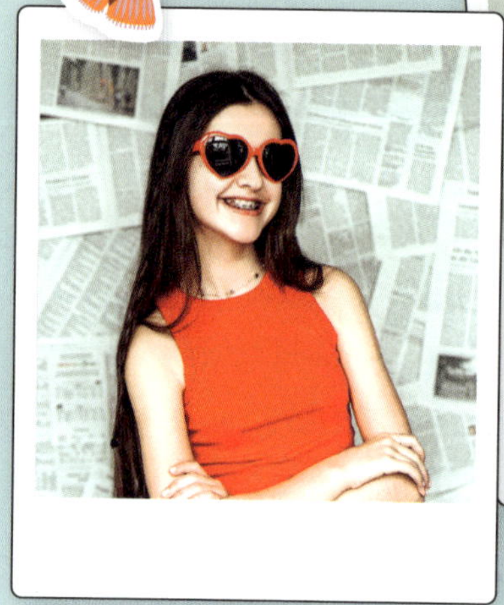

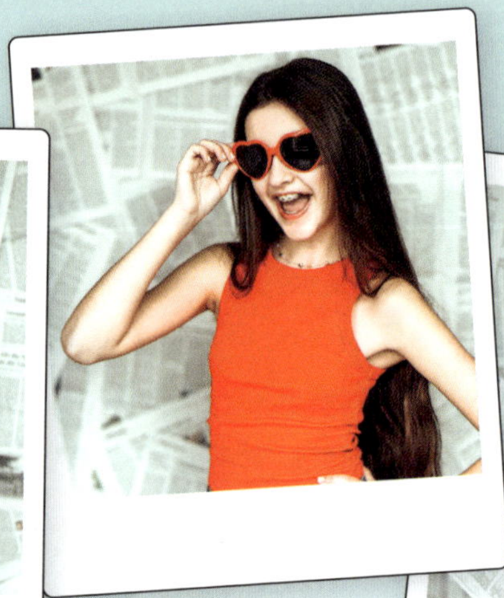

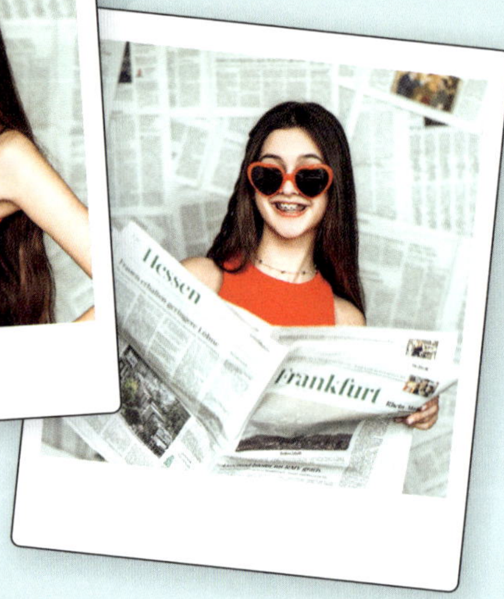

DAS BRAUCHST DU:

- alte Zeitungen
- doppelseitiges Klebeband

TIPP

Wenn du kein Zeitungspapier hast, kannst du alternativ auch schönes Geschenkpapier oder die herausgetrennten Seiten eines alten Buchs oder Comics verwenden.

So geht's:

Für diese coole Fotowand benötigst du nur ein paar alte Zeitungen, und schon kann es losgehen: Klebe die Zeitungsseiten aufgeschlagen und überlappend an die Wand, sodass keine Wandstelle mehr durchblitzt – und schon ist deine Foto-Retrowand fertig.

MAKING-OF

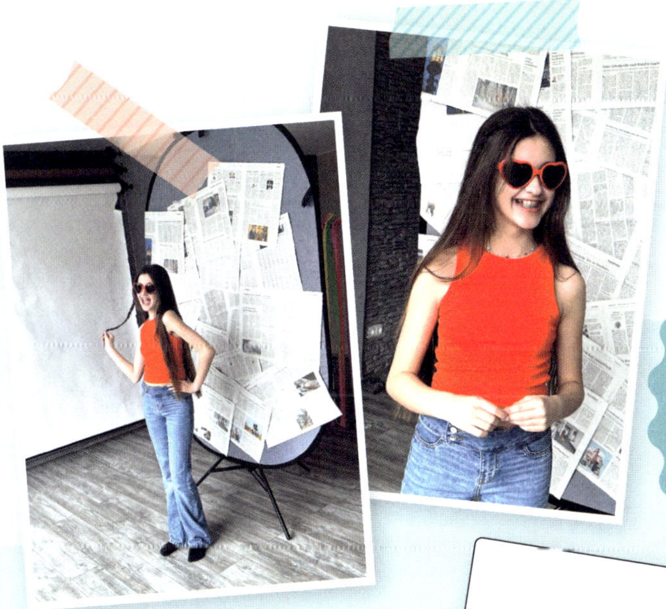

ACHTUNG

Frage vorher deine Eltern, an welche Wand du die Zeitungen kleben darfst, denn es kann passieren, dass das Klebeband die Wandfarbe etwas ablöst, wenn der Klebstoff zu stark ist.

Deine Caption

Verrückte

OBST-GESICHTER

Orangen auf den Augen Mit bunten Obstsorten kannst du lustige Fotos machen. Gerade Früchte in knallig leuchtenden Farben eignen sich hierfür sehr gut. Besonders toll wirkt es auf den Bildern, wenn du noch ein passendes T-Shirt anziehst.

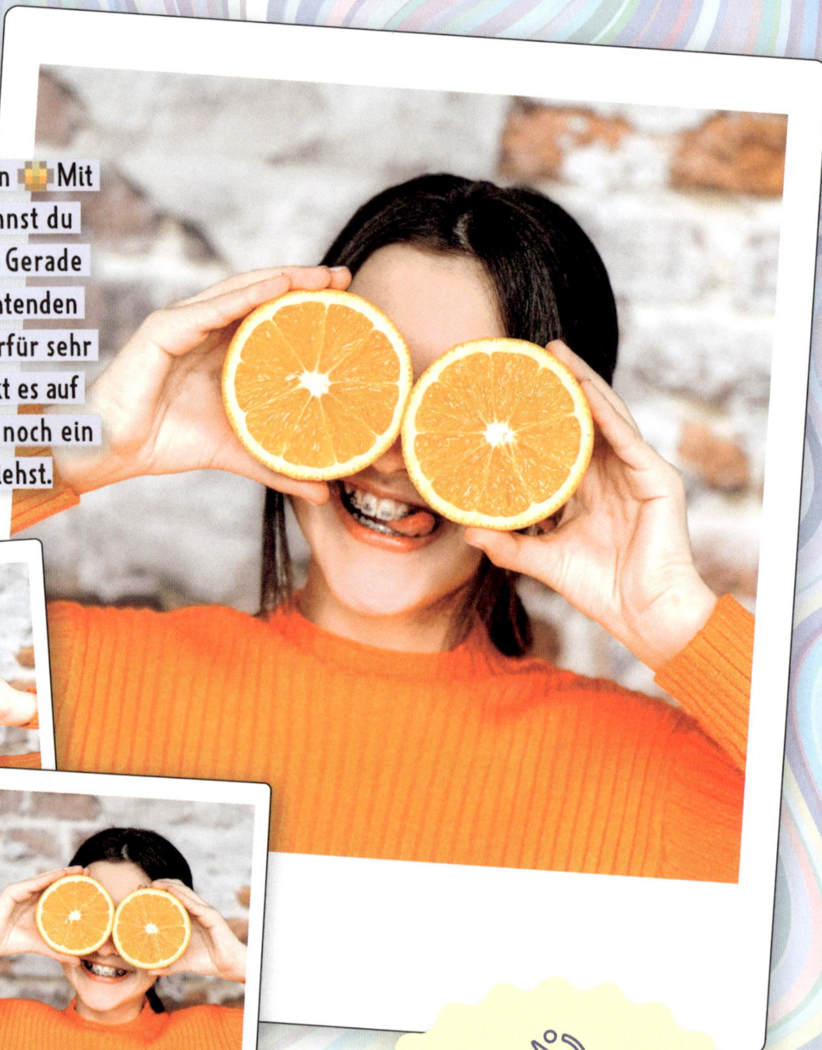

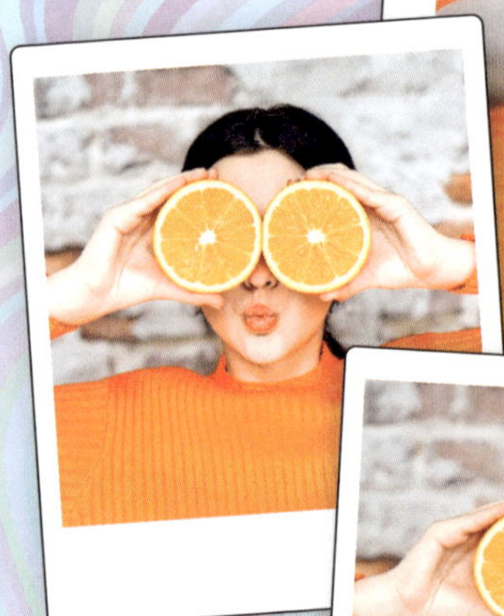

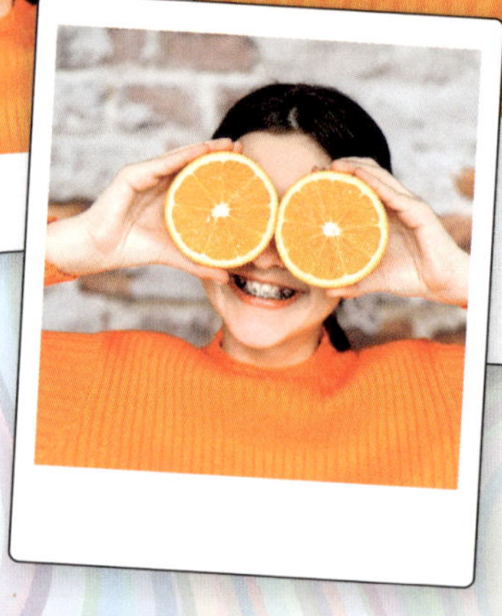

1+

DAS BRAUCHST DU:

- Obst, das in der Mitte eine schöne Struktur hat, wie Orange oder Kiwi
- Messer zum Aufschneiden des Obsts
- falls möglich: T-Shirt passend zur Obstfarbe

TIPP

Gehe für die Fotos relativ nah an dein Motiv, damit die Struktur des Obstes gut zu erkennen ist.

So geht's:

Wir haben uns für eine Orange entschieden und dazu ein passendes Oberteil in knalligem Orange ausgewählt.

Schneide die Orange in der Mitte auf, sodass du zwei gleich große Hälften erhältst. Und schon kann's losgehen: Halte die beiden Orangenhälften vor deine Augen und mache dazu lustige Gesichter, wie z. B. Zunge rausstrecken oder einen Kussmund. Wenn du Lust hast, kannst du auch andere Obstsorten ausprobieren.

Deine Caption

RETROLOOK
mit DIY-Farbfilter

So easy! Verleihe deinen Bildern mit einfachen Mitteln einen Retrolook mit coolem Farbeffekt.

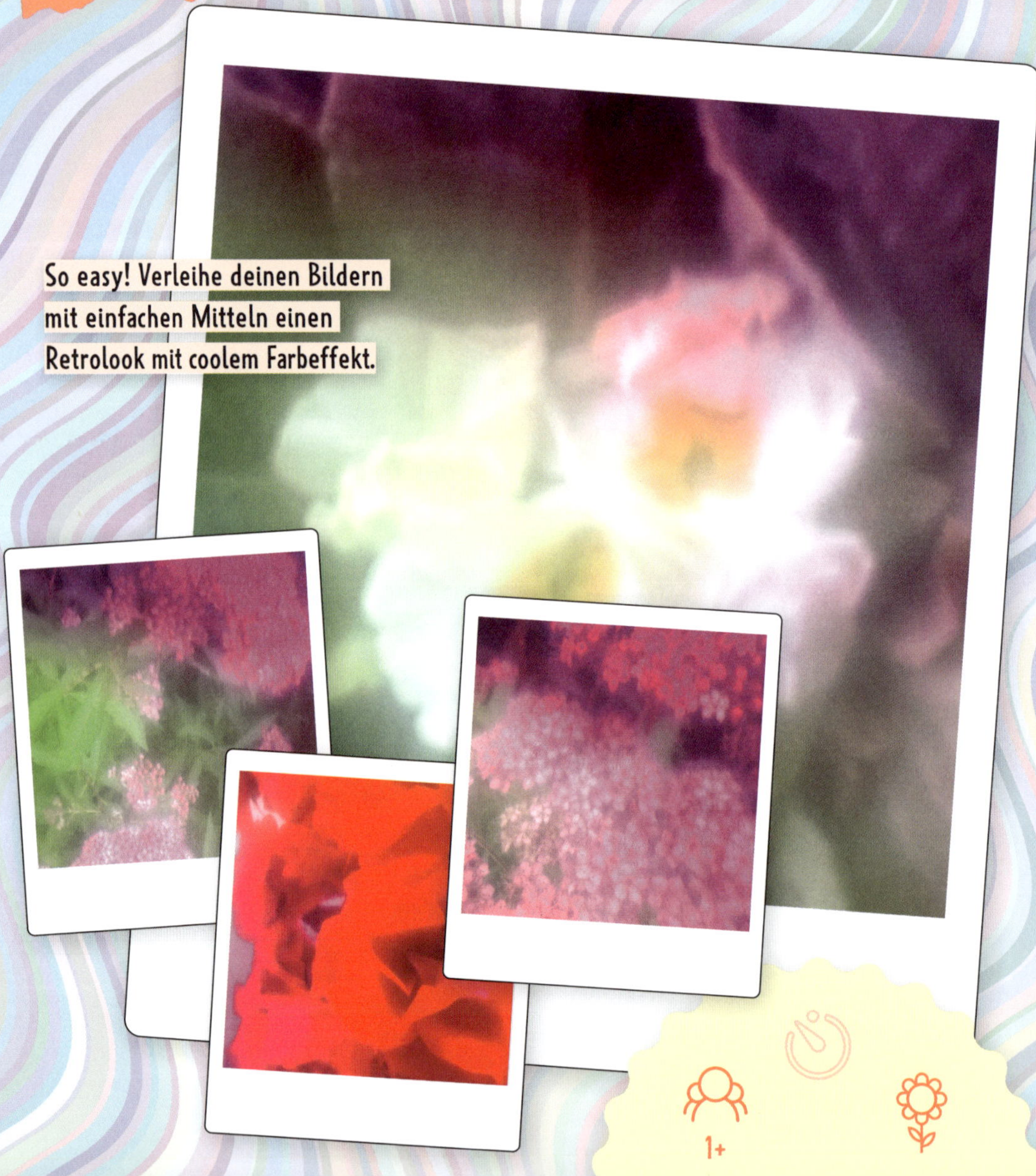

1+

DAS BRAUCHST DU:

- Gefrierbeutel (durchsichtig)
- Permanent-Marker in deiner Wunschfarbe

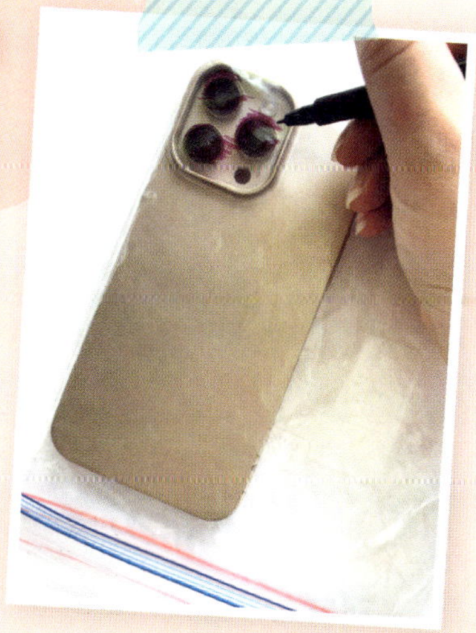

So geht's:

Stecke dein Handy in den Gefrierbeutel, am besten in eine Ecke, damit es nicht verrutscht. Nun malst du auf dem Gefrierbeutel mit einem Marker bunte Effekte auf die Objektive des Handys. Du kannst das gesamte Objektiv farbig anmalen oder, so wie wir, nur den Rand. Fertig ist dein DIY-Filter! Durch den Beutel erhältst du einen Retro-Blurry-Effekt und durch den Marker noch zusätzliche Farbeffekte.

TIPP

Teste auch mal verschiedene Farben auf einem Objektiv, dadurch entstehen supercoole Effekte.

Deine Caption

SEIFENBLASEN-TANZ

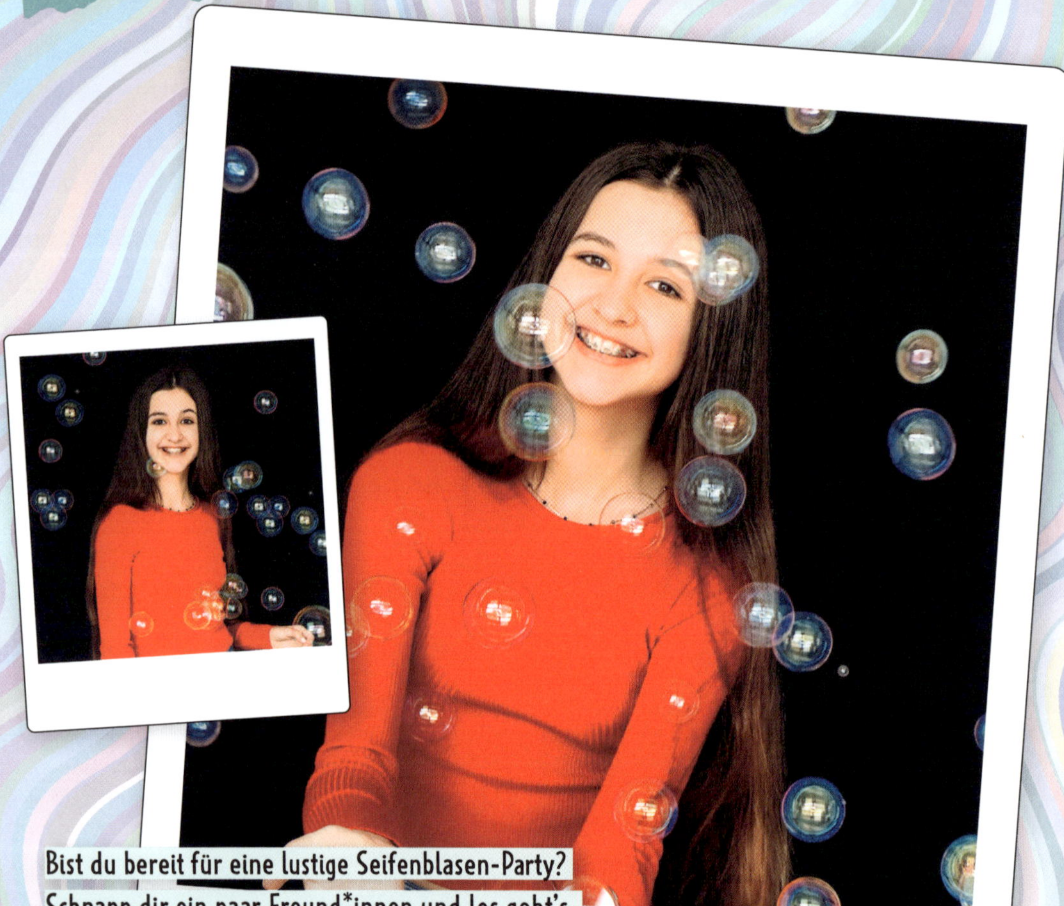

Bist du bereit für eine lustige Seifenblasen-Party? Schnapp dir ein paar Freund*innen und los geht's. Seifenblasen sorgen mit ihrem schimmernden Glanz für einen tollen Effekt auf deinen Fotos. Diese Challenge kannst du super draußen im Garten oder im Park umsetzen.

2+

DAS BRAUCHST DU:

- Seifenblasen

So geht's:

Für diese Challenge holst du dir am besten Hilfe von zwei Freund*innen: Eine macht die Fotos, und die andere pustet die Seifenblasen. Falls du eine Seifenblasenmaschine zu Hause hast, kannst du diese natürlich auch super für die Challenge verwenden. Oder du pustest die Seifenblasen einfach selbst in Richtung Kamera.

Die Seifenblasen-Fotosession macht besonders mit deinen BFFs viel Spaß. Macht euch Tanzmusik an und probiert ein paar coole Moves aus, während die Seifenblasen um euch fliegen. So erhaltet ihr tolle, ungestellte Fotos.

TIPP

Am besten erkennt man die Seifenblasen vor einem dunklen Hintergrund.

BEHIND THE SCENES

Deine Caption

FLUCHTEN SUCHEN

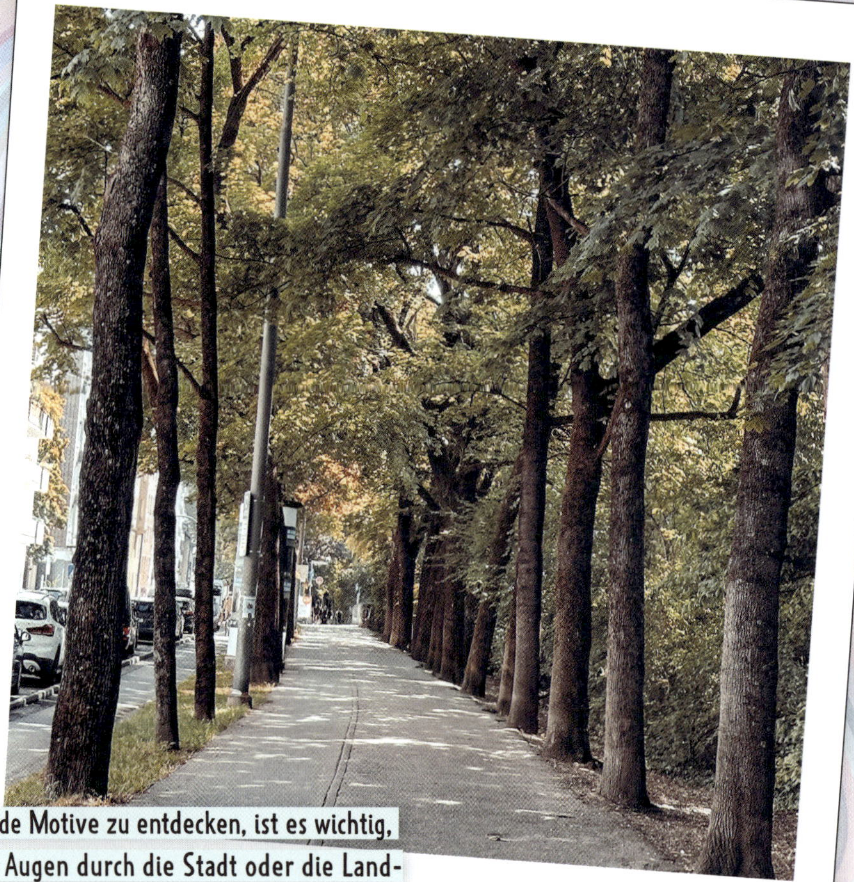

Um spannende Motive zu entdecken, ist es wichtig, mit offenen Augen durch die Stadt oder die Landschaft zu gehen. Scanne deine Umgebung nach Fluchten und Reihungen, um mehr Spannung in deine Fotos zu bringen.

1+

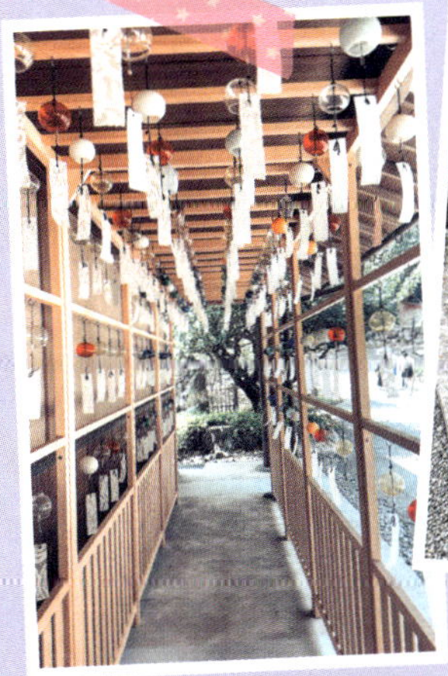

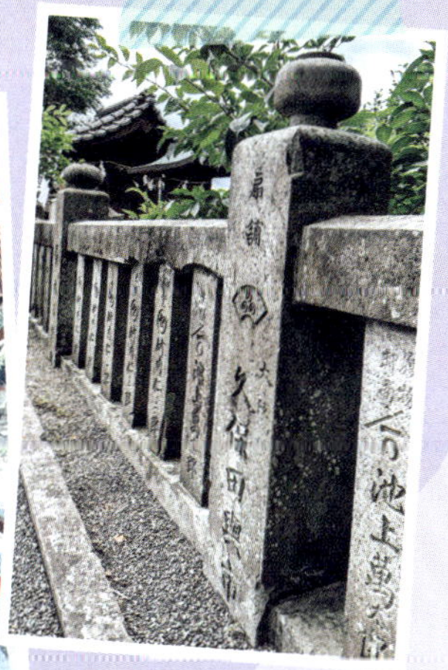

TIPP

Du kannst eine Flucht, z. B. eine Allee aus Bäumen, super als Location für eine Fotosession nutzen. Stelle dich in die Mitte der Allee, sodass die Bäume optisch rechts und links zu dir hinführen.

So geht's:

Schau dir deine Umgebung genau an: Eine Allee aus Bäumen eignet sich besonders gut für diese Foto-Challenge, vor allem im Frühling oder im Herbst, wenn die Bäume in bunten Farben erstrahlen. Auch Pfosten oder Straßenlaternen können passende Motive sein. Nun fotografiere diese Objekte so, dass man die Reihung nach hinten in die Flucht sehen kann. Ein solches Bild wirkt gleich spannender als ein einzeln fotografiertes Objekt.

Deine Caption

Kunterbunte

BALLON-FOTOWAND

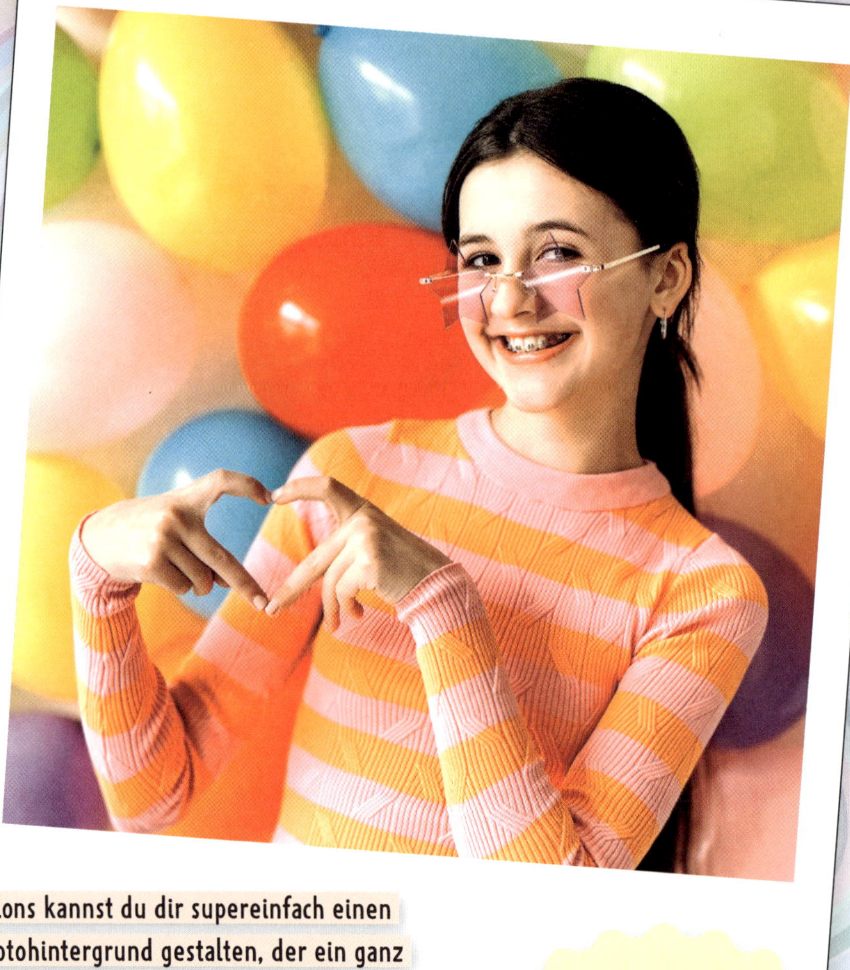

Aus Luftballons kannst du dir supereinfach einen kreativen Fotohintergrund gestalten, der ein ganz besonderes Highlight auf deinen Bildern ist.

1+

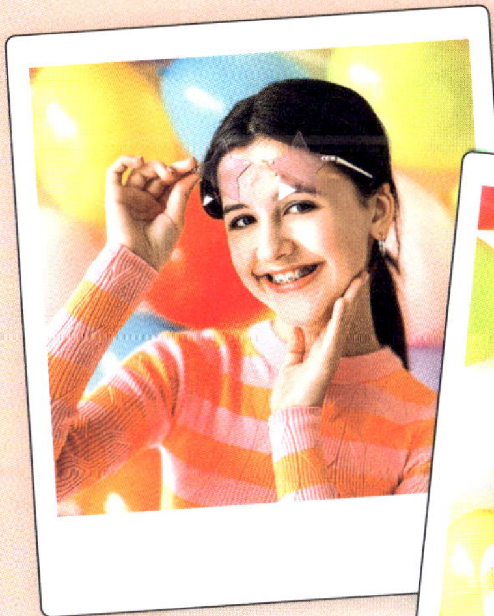

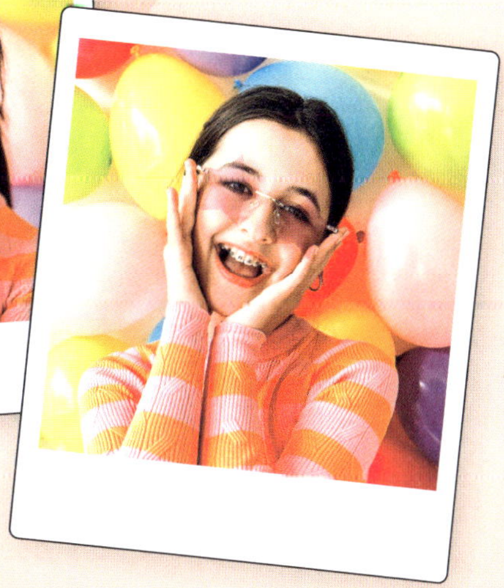

DAS BRAUCHST DU:

- Luftballons in deinen Lieblingsfarben
- doppelseitiges Klebeband

TIPP

Frage vorher deine Eltern, an welche Wand du die Luftballons kleben darfst, denn es kann passieren, dass das Klebeband die Wandfarbe etwas ablöst, wenn der Klebstoff zu stark ist.

So geht's:

Für diesen Fotohintergrund benötigst du jede Menge Luftballons. Am besten bittest du eine Person um Hilfe beim Aufblasen der Ballons oder verwendest eine Pumpe, dann geht es etwas schneller.

Wenn deine Luftballons aufgeblasen sind, klebst du diese mit doppelseitigem Klebeband dicht nebeneinander an eine Wand. Und fertig ist dein bunter Luftballon-Fotohintergrund.

MAKING-OF

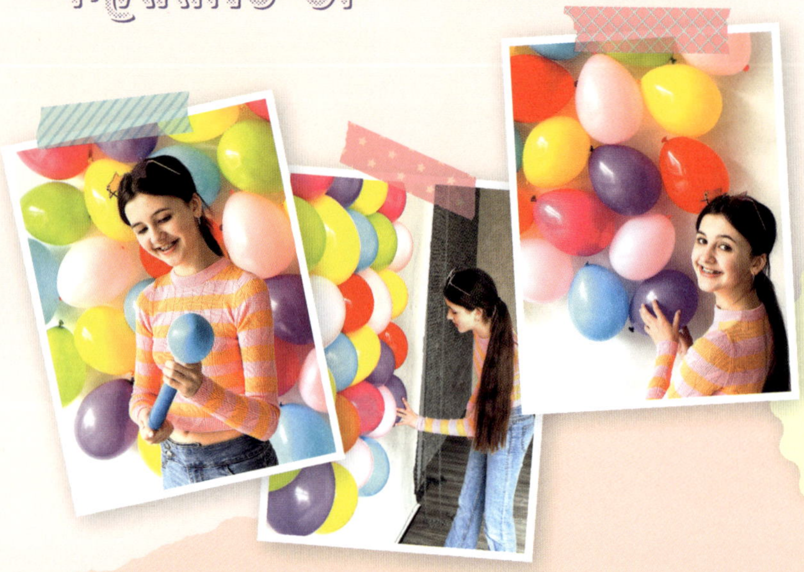

BEHIND THE SCENES

Deine Caption

SPIEGEL-EXPERIMENTE

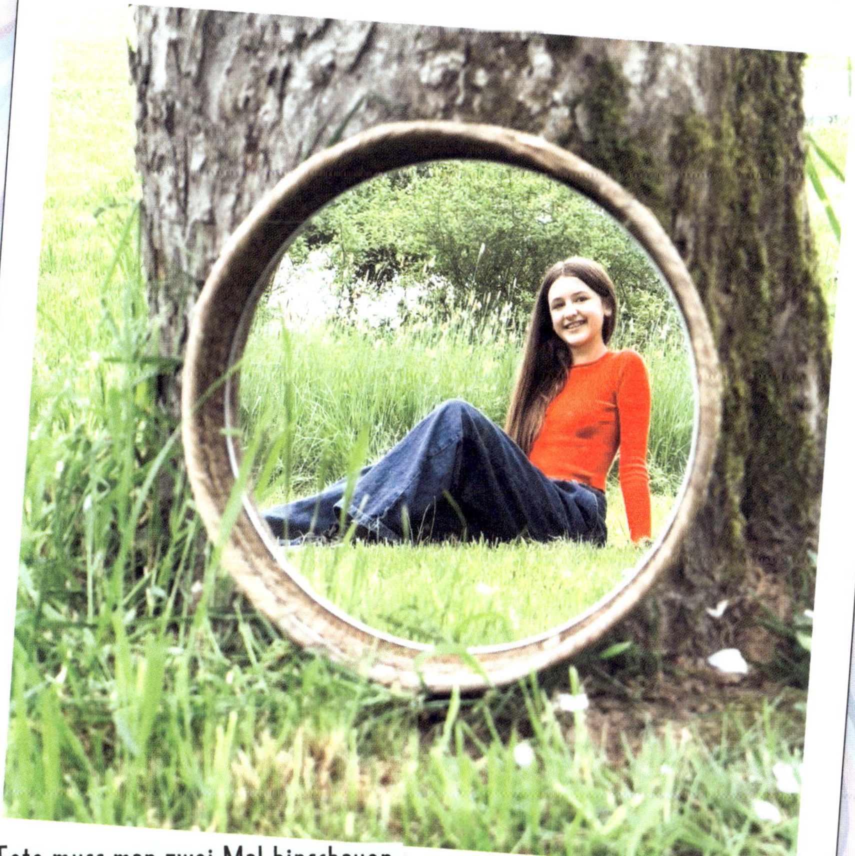

Bei diesem Foto muss man zwei Mal hinschauen, um es zu verstehen. Mir macht es immer besonders viel Spaß, beim Fotografieren ein bisschen herumzuexperimentieren. Schnapp dir einfach einen Spiegel und leg los.

2+

DAS BRAUCHST DU:

- einen Spiegel

So geht's:

Suche dir eine schöne Umgebung, in der du die Challenge umsetzen möchtest. Diese ist bei den Spiegel-Experimenten besonders wichtig, weil man durch den Spiegel nicht nur die Richtung, in die man fotografiert, auf den Bildern sieht. Auch die Umgebung hinter dir kommt im Spiegel zum Vorschein.

Für dieses Foto haben wir einen runden Spiegel mit Bastrand verwendet und diesen an einen Baum angelehnt. Ich habe mich etwa 3–4 Meter vor dem Spiegel auf die Wiese gesetzt, und Sarah hat die richtige Position gesucht, in der sie mich gut im Spiegel gesehen hat.

TIPP

Wenn du nur einen kleinen Spiegel hast, kannst du auch ein Selbstporträt machen. Halte dir den Spiegel vor das Gesicht und spiegele deine Umgebung hinein. Auf dem Bild fehlen dann Teile deines Gesichtes, die durch den Spiegel bedeckt sind.

MAKING-OF

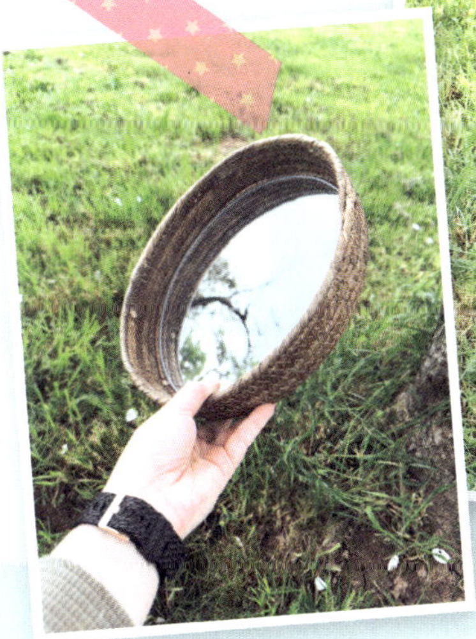

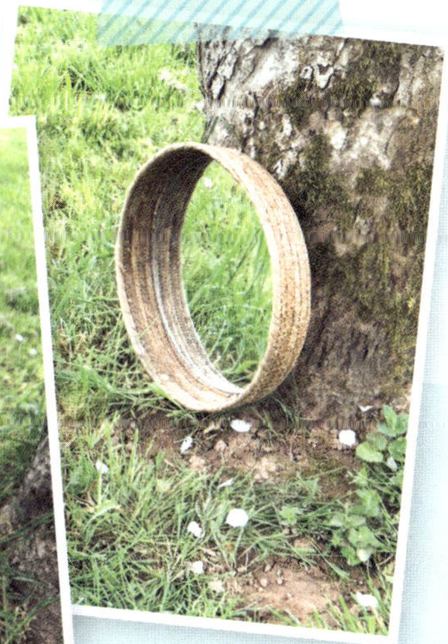

ACHTUNG

Wichtig ist es, darauf zu achten, dass die fotografierende Person nicht selbst im Spiegelbild zu sehen ist.

Deine Caption

BOTTLE-FOTO-CHALLENGE

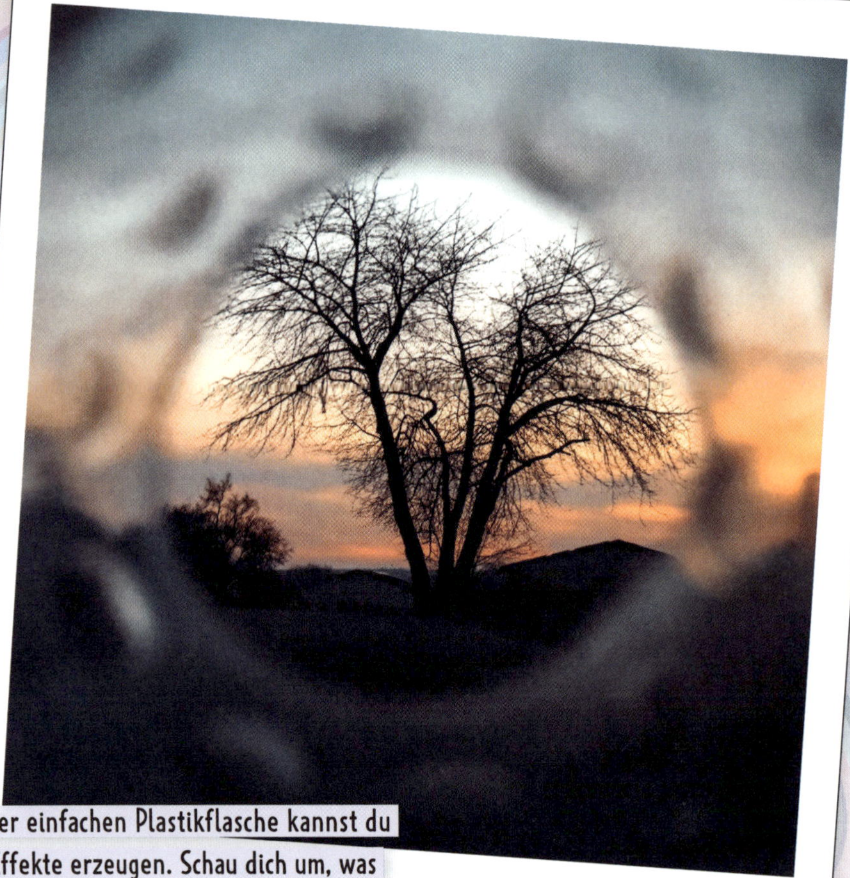

Mithilfe einer einfachen Plastikflasche kannst du spannende Effekte erzeugen. Schau dich um, was für verschiedene Strukturen es gibt, und experimentiere mit unterschiedlichen Flaschen. Diese Challenge kannst du super in der Natur oder auch mit einer weiteren Person umsetzen.

1+

DAS BRAUCHST DU:

- dünne Plastikflasche
- Schere
- evtl. Klebestreifen

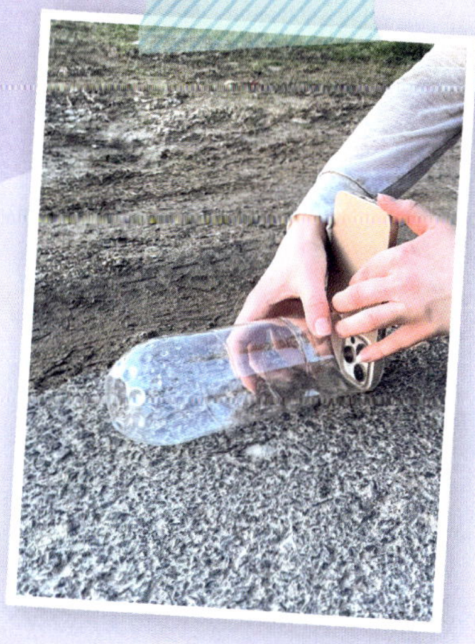

So geht's:

Schneide die Flasche oben und unten auf, sodass ein Rohr entsteht, und halte dieses dann vor dein Kamera- oder Handyobjektiv. Wenn du magst, kannst du es auch mit Klebestreifen fixieren. Nun suchst du dir ein Objekt, das du fotografieren möchtest, und fokussierst es. Die Flasche sorgt für einen verzerrten, unscharfen Rand um dein Motiv. Falls dein Handy verschiedene Objektive zur Auswahl hat, dann probiere diese aus. Wahrscheinlich eignet sich das Zoomobjektiv am besten für diese Challenge. Dieses aktivierst du, indem du auf den Zoom („2x“ oder „3x“) gehst.

Deine Caption

LUSTIGE DIY-FOTOWAND

mit Guckloch

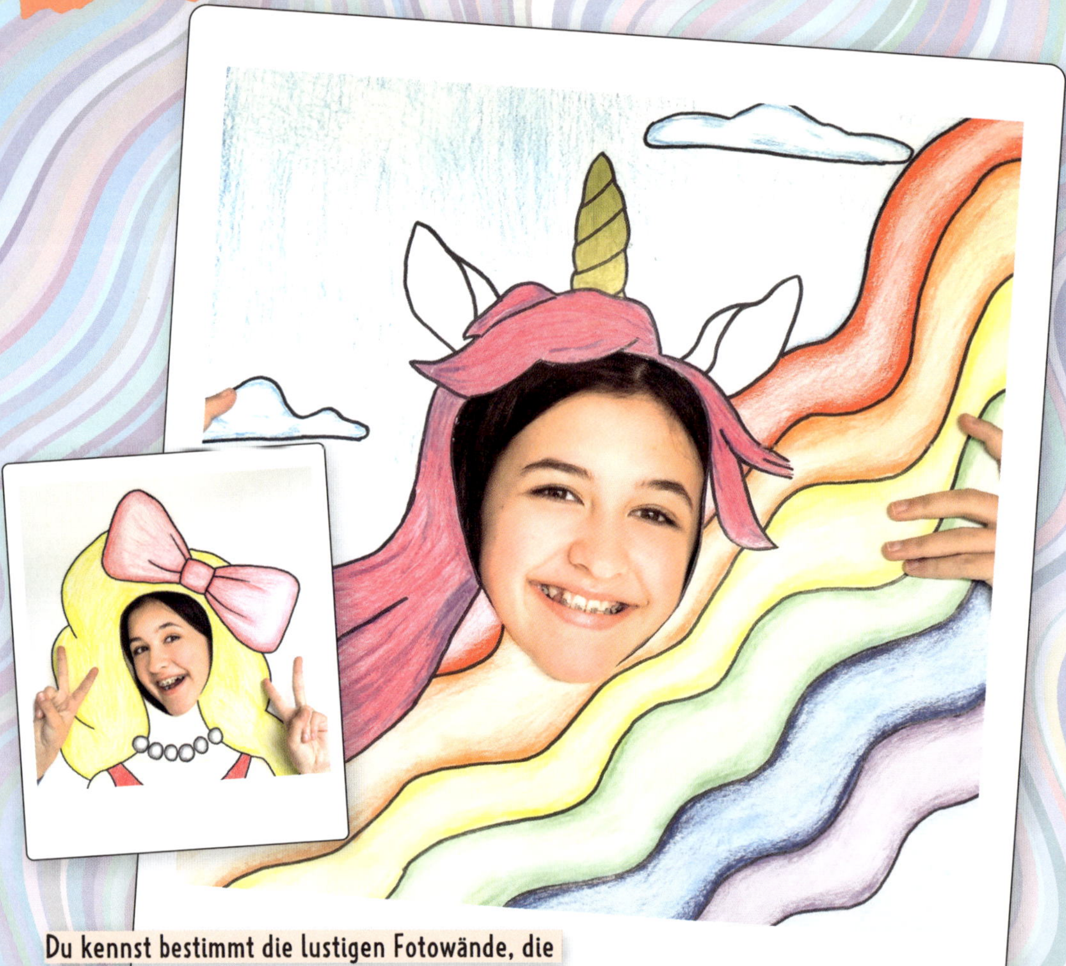

Du kennst bestimmt die lustigen Fotowände, die man z. B. in Freizeitparks oft findet. Diese kannst du dir ganz easy selbst gestalten – und zwar mit deinen Wunschmotiven.

1+

DAS BRAUCHST DU:

- große, weiße Pappe
- Bleistift
- Bunt- oder Filzstifte
- Schere

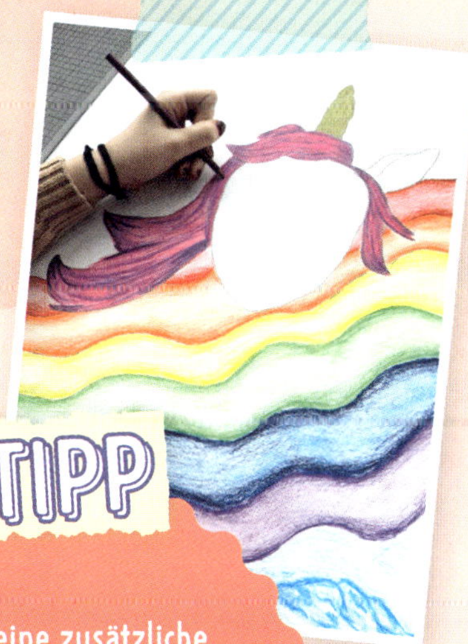

TIPP

Bitte eine zusätzliche Person, die Pappe festzuhalten, damit du deine Arme frei hast. Dann kannst du, so wie ich, auch deine Hände mit einbeziehen.

So geht's:

Falls du noch keine Motividee hast, suche einfach im Internet nach Inspiration und Malvorlagen. Zeichne zu Beginn eine ovale Form in der Größe deines Kopfes in die Mitte der Pappe. Dieses Oval wird später ausgeschnitten, sodass du den Kopf durchstecken kannst. Nun zeichnest du dein Motiv mit Bleistift vor und danach geht es ans Ausmalen. Wenn du magst, kannst du dein Motiv am Ende noch mit Glitzersteinchen, Federn, o. Ä. verzieren. Bist du mit allem fertig, schneidest du das Oval mit der Schere aus, und die Challenge kann beginnen.

Deine Caption

PAPARAZZI-EFFEKT

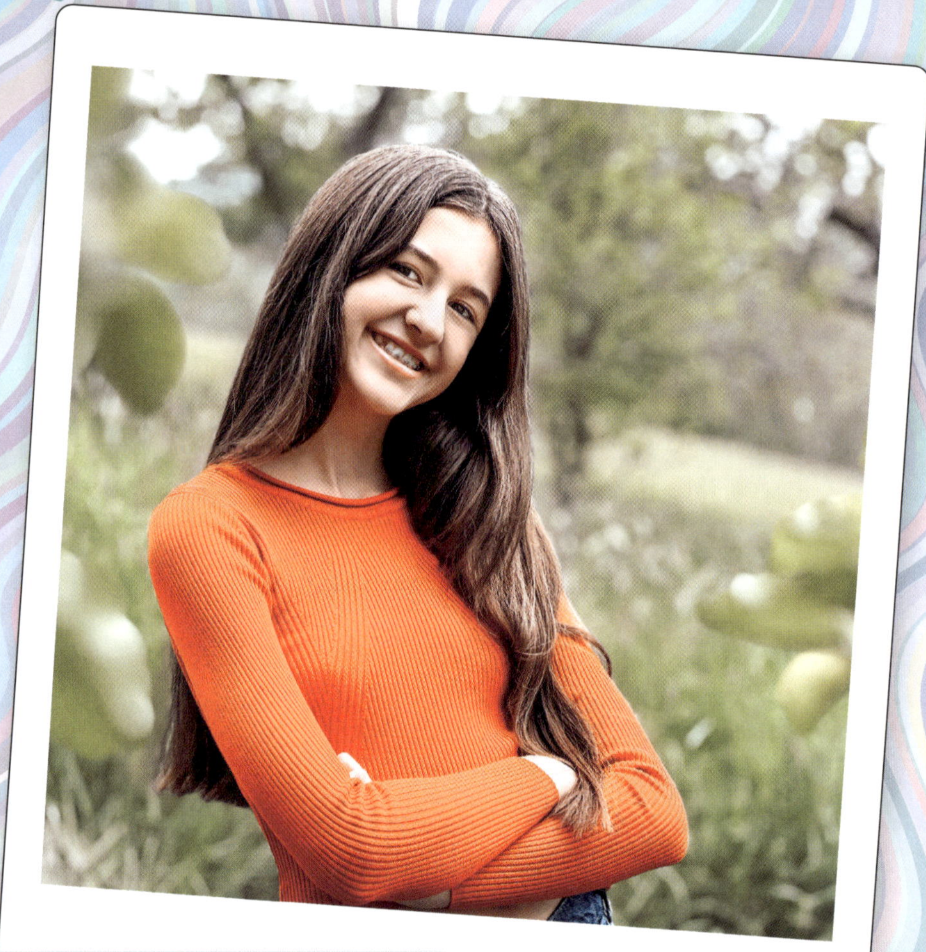

Dieser kleine Effekt wird deine Fotos immens verändern. Selbst Profis wenden den einfachen Trick in ihrem Berufsalltag regelmäßig an. Probier's aus!

1+

DAS BRAUCHST DU:

- Location mit Büschen und Bäumen

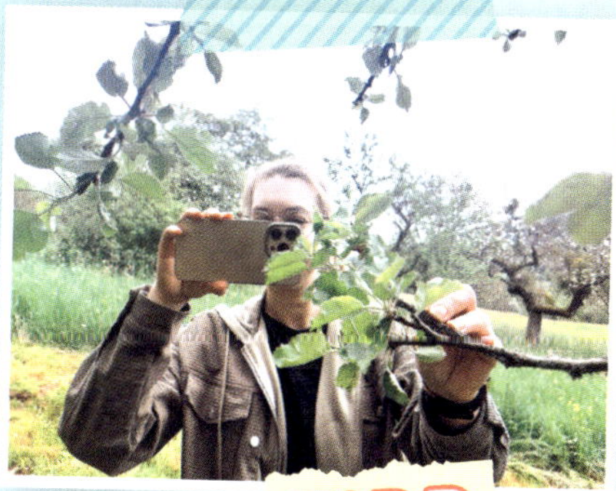

So geht's:

Kleine Dinge können manchmal große Effekte haben. Für den Paparazzi-Effekt haben wir drei statt nur zwei Ebenen genutzt. Normalerweise gibt es die Vordergrund-Ebene (z. B. die Person, die du fotografierst) und die Hintergrund-Ebene (der Hintergrund, vor dem die Person steht).

Du kannst aber noch eine weitere Ebene hinzufügen und dadurch mehr Tiefe in dein Bild bringen. Dazu suchst du dir etwas, durch das du sozusagen durchfotografieren kannst. In der Natur findest du dafür viele Möglichkeiten, z. B. einen Busch oder einen Ast (mit Blüten) an einem Baum.

Die Person, die fotografiert wird, wandert nun von der Vordergrund-Ebene in die Mittelgrund-Ebene, und der Ast wird zu unserer Vordergrund-Ebene.

TIPP

Wenn du nichts in der Nähe hast zum Durchfotografieren, dann nimm dir einfach etwas mit, das du vor die Linse halten kannst, z. B. einen kleinen Ast, eine Topfpflanze oder auch ein filigranes Schmuckstück.

Deine Caption

WASSERTROPFEN-EXPERIMENTE

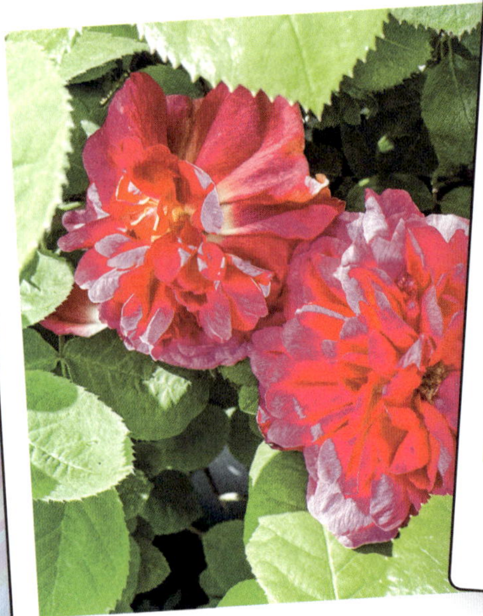

Vorher

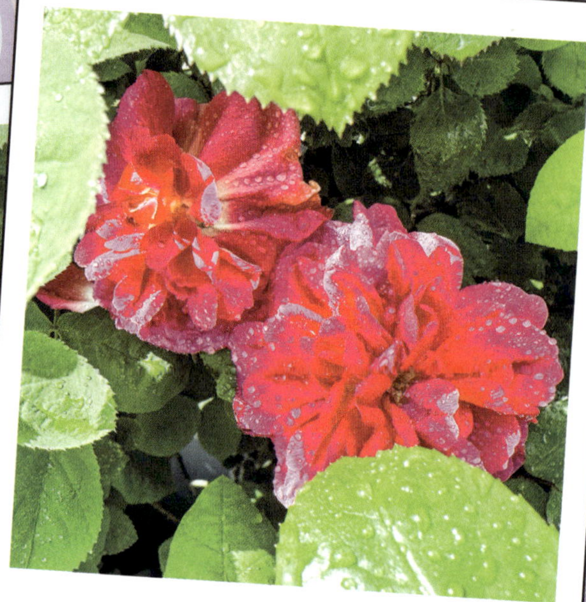

Nachher

So easy – hättest du gedacht, dass du nur mit etwas Wasser mehr Spannung in deine Bilder bringen kannst?

1+

DAS BRAUCHST DU:

- Sprühflasche, gefüllt mit Wasser

TIPP

Wenn du keine Sprühflasche für Pflanzen zu Hause hast, kannst du auch eine leere Putzmittelflasche (z. B. Glasreiniger) sorgfältig ausspülen und mit Wasser befüllen.

So geht's:

Suche dir ein Motiv aus, das du fotografieren möchtest. Wichtig hierbei ist, dass du eine Nahaufnahme machst, denn Wassertropfen sind nur von Nahem auf deinen Fotos zu erkennen.

Besonders gut eignen sich Motive aus der Natur, wie Blumen oder Blätter. Aber auch auf dem Gesicht sorgen Wassertropfen für einen spannenden Effekt. Bevor du deine Aufnahme machst, sprühst du dein Motiv vorsichtig mit Wasser an, sodass kleine Wasserperlen darauf entstehen. Und schon kann es losgehen!

Deine Caption

BECOMING TWINS

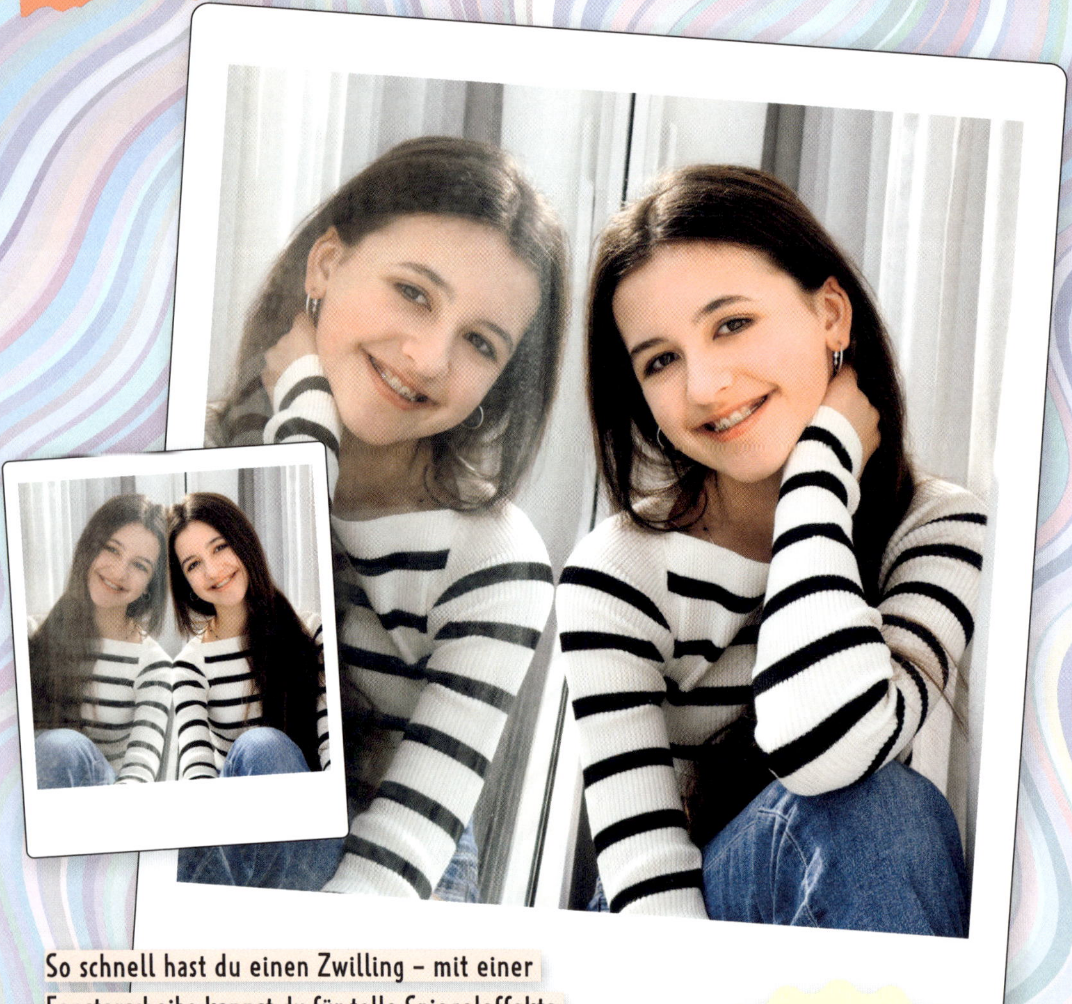

So schnell hast du einen Zwilling – mit einer Fensterscheibe kannst du für tolle Spiegeleffekte auf deinen Fotos sorgen.

1+

DAS BRAUCHST DU:

- Location mit einem großen Fenster, z. B. ein großes Wohnzimmerfenster

TIPP

Achte darauf, wo die Sonne steht. Am einfachsten ist es, wenn deine Fensterscheibe im Schatten liegt. Optional kannst du das Sonnenlicht von hinten auf dich scheinen lassen (wie bei unserem Bild). Direktes Sonnenlicht in deinem Gesicht solltest du vermeiden.

So geht's:

Platziere dich direkt an der Fensterscheibe. Für die Spiegelung ist nun die richtige Perspektive wichtig, sonst funktioniert der Effekt nicht. Die Kamera muss nah an der Fensterscheibe positioniert werden und an der Fensterscheibe entlang fotografieren, dann entsteht eine schöne klare Spiegelung von dir im Fenster.

Deine Caption

Glow in the dark

NEON-SHOOTING

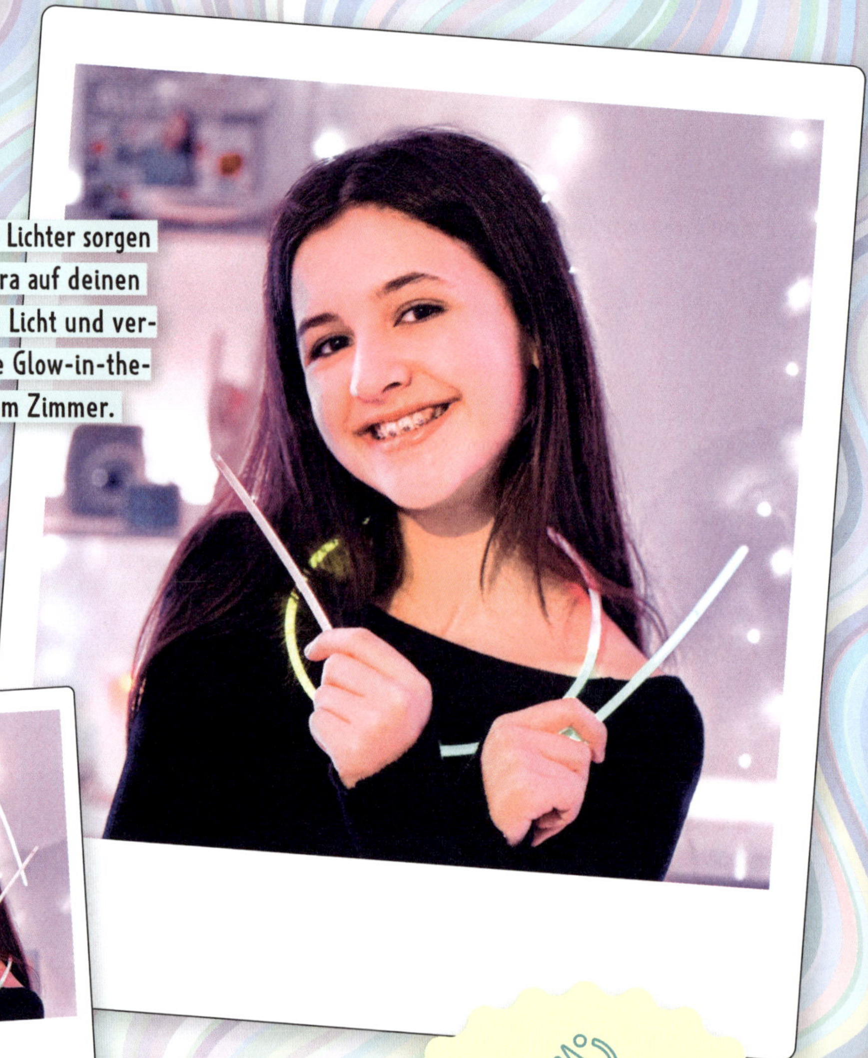

Bunte, neonfarbene Lichter sorgen für das gewisse Extra auf deinen Bildern. Dimme das Licht und veranstalte eine kleine Glow-in-the-dark-Party in deinem Zimmer.

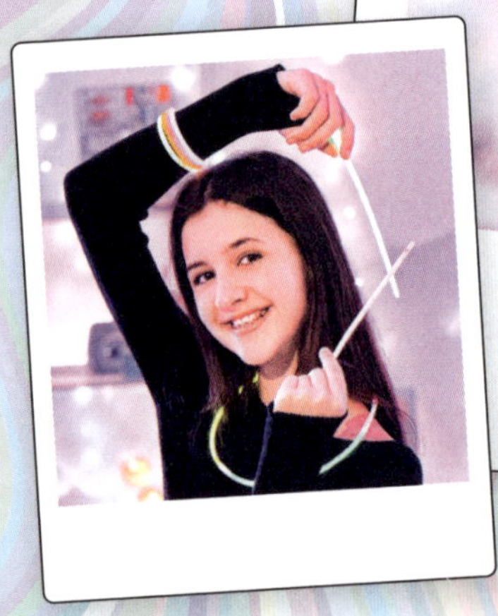

1+

DAS BRAUCHST DU:

- Knicklichter

So geht's:

Als Erstes bringst du deine Knicklichter zum Leuchten. In den Packungen sind in der Regel auch Verbindungsstücke zu finden, damit kannst du dir nun Armreifen, Ketten, Kopfschmuck, und was dir sonst noch einfällt, basteln. Suche dir einen Raum, der relativ dunkel ist. Gerne darf etwas gedimmtes Licht herrschen, achte aber unbedingt darauf, dass das Licht der Knicklichter gut zu sehen ist. Und schon kann dein Neon-Shooting losgehen.

TIPP

Wenn du buntes Licht oder Lichterketten hast, kannst du damit, wie ich auf meinem Foto, noch zusätzlich ein schönes Effektlicht in den Hintergrund zaubern.

Deine Caption

Frosch oder Vogel? –

PERSPEKTIVWECHSEL

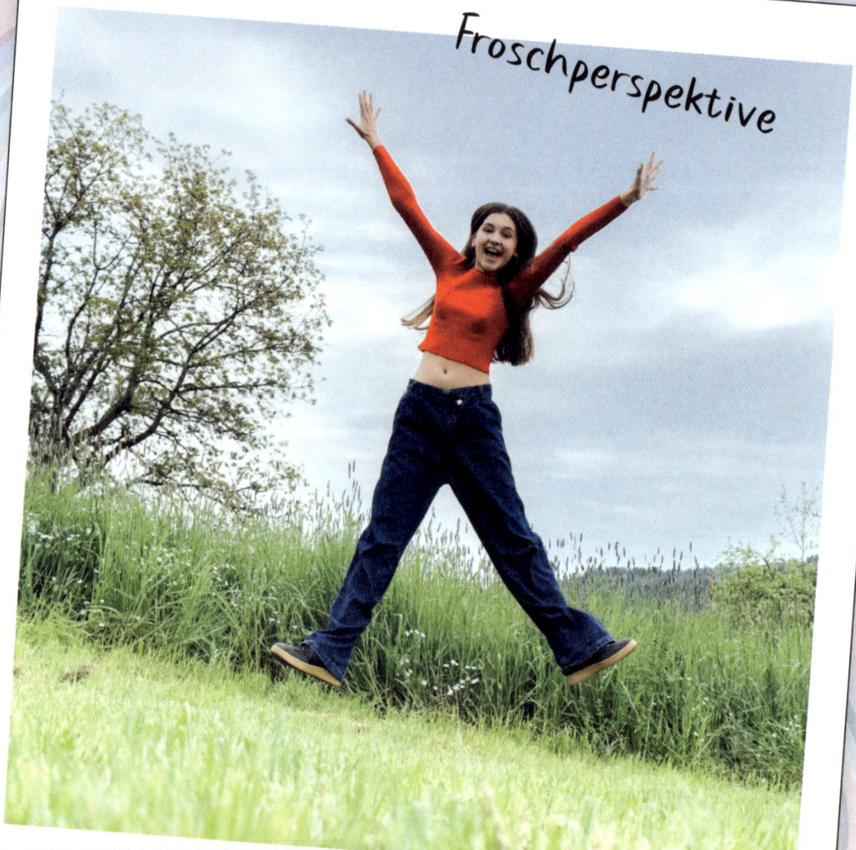

Mache dir die richtige Perspektive zum Vorteil für deine Fotos. Die Perspektive, aus der man fotografiert, spielt eine große Rolle für die Bildwirkung. Du kannst dadurch beispielsweise Personen größer oder kleiner erscheinen lassen. Probier's aus!

1+

So geht's:

In der Regel wird im Stehen fotografiert, das ist die sogenannte „Normalperspektive". Darüber hinaus gibt es dann noch die „Vogelperspektive" und die „Froschperspektive".

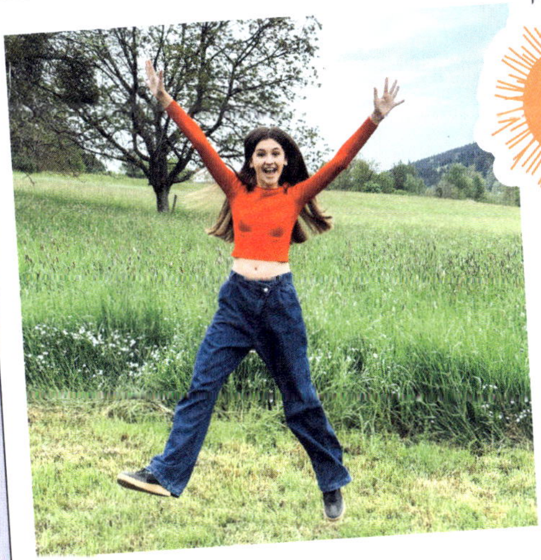

Normalperspektive

Vogelperspektive:
von oben nach unten fotografieren

Froschperspektive:
von unten nach oben fotografieren

Sarah und ich haben den Effekt des Perspektivwechsels mal anhand von Sprungfotos verdeutlicht. Wenn Sarah mich beim Springen von unten fotografiert hat, wirkt es auf dem Bild so, als ob ich viel höher springe, als wenn die Fotos aus der Normalperspektive aufgenommen werden.

TIPP

Du kannst die Bilder auch mit Stativ und Selbstauslöser machen, aber mit einer Person, die dich fotografiert, ist es deutlich leichter.

MAKING-OF

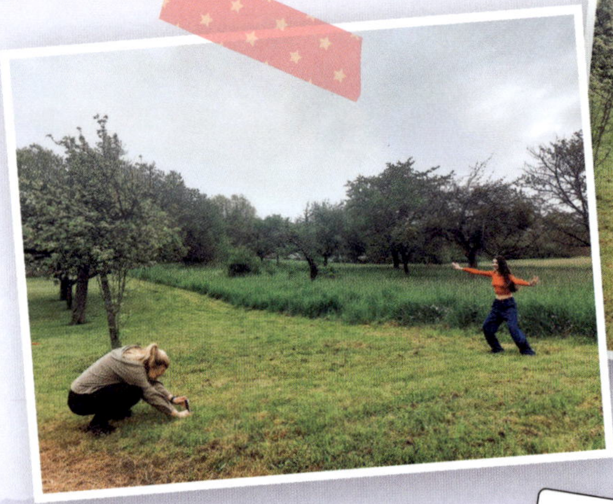

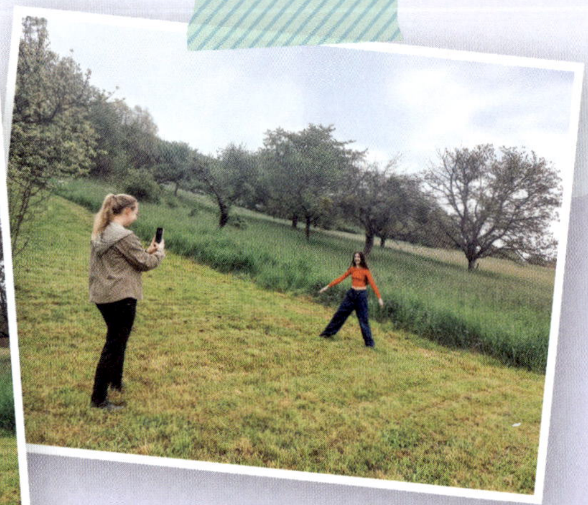

Deine Caption

Avas FOTOBOOTH-ACCESSOIRES

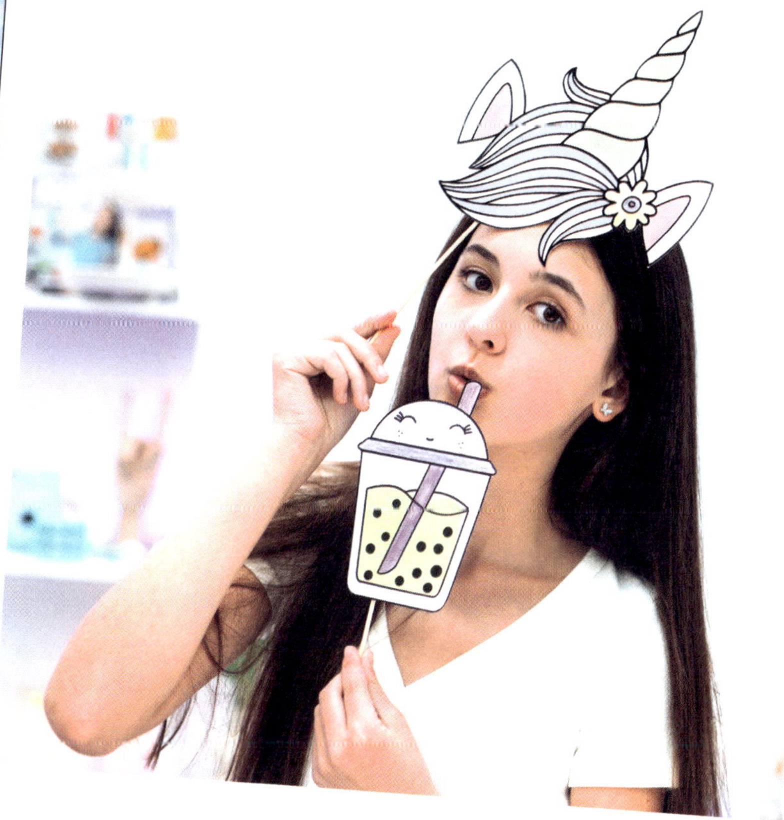

Coole Fotobooth-Accessoires sorgen auf jeder Party für großen Spaß und natürlich für jede Menge lustige Erinnerungsfotos.

1+

DAS BRAUCHST DU:

- Bunt- oder Filzstifte
- Schere
- Schaschlikspieße
- Klebestreifen

So geht's:

Auf S. 87 findest du Vorlagen für meine liebsten Fotobooth-Accessoires. Pause diese entweder ab oder schneide sie direkt hier aus dem Buch aus. Nun suche dir deine Lieblingsfarben aus und male die Motive farbig an.

Wenn du fertig bist, befestigst du jeweils einen Holzspieß mit Klebestreifen von hinten an den ausgemalten Motiven. Und schon kann's losgehen! Überlege dir lustige und kreative Posen, die zu deinen Fotobooth-Accessoires passen.

Falls du noch weitere Ideen für coole Fotobooth-Accessoires hast, kannst du auch deine eigenen Motive entwerfen oder dir passende Bilder im Internet suchen.

TIPP

Du kannst die ausgemalten Fotobooth-Accessoires auch zusätzlich mit Glitzer, Perlen, Blumen oder anderen Bastel-Accessoires verzieren. Sei kreativ!

MAKING-OF

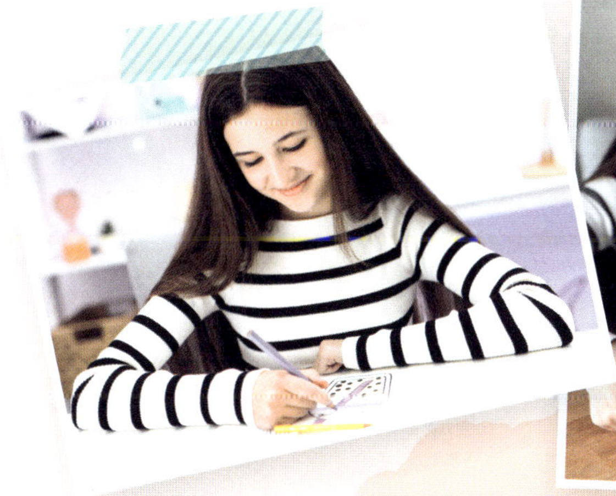

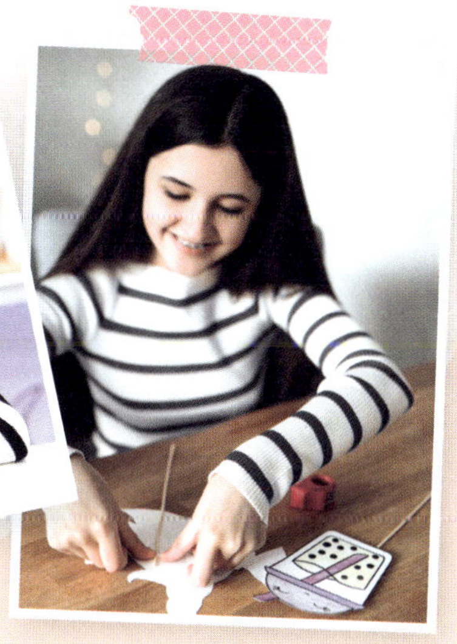

Deine Caption

SCHATTENSPIELE

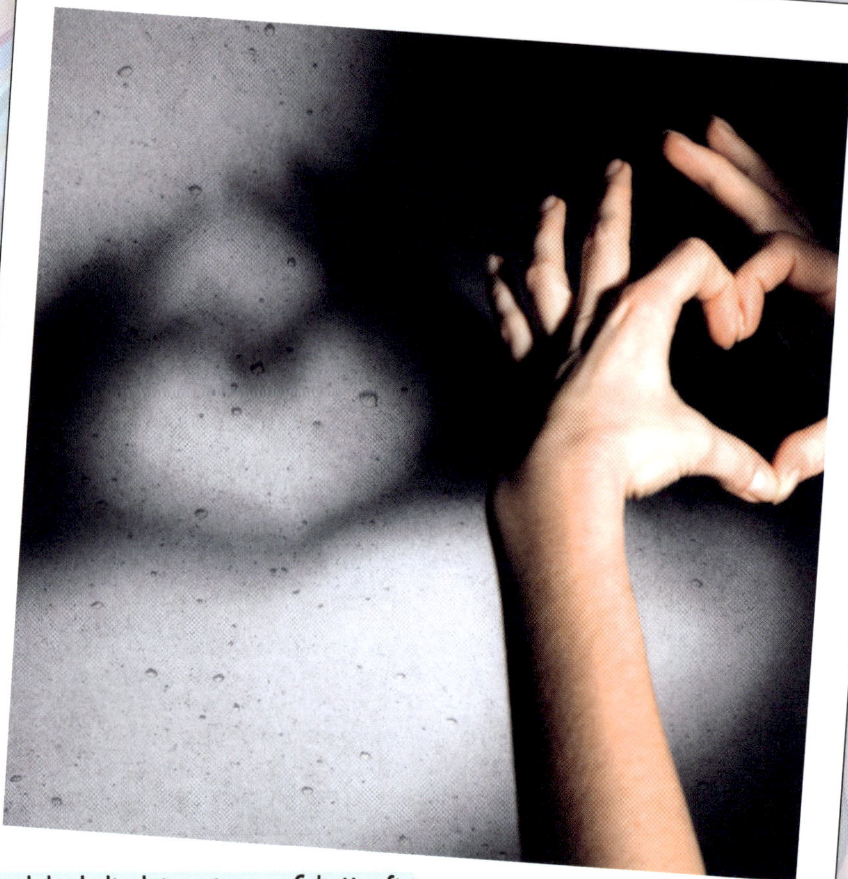

Sei kreativ und denk dir deine eigenen Schattenfiguren aus. Mit diesem Schatten-Herz kannst du z. B. eine schöne und individuelle Geburtstagskarte für deine Liebsten gestalten, die von Herzen kommt.

1+

DAS BRAUCHST DU:

- Sonnenlicht
- Wand, auf die die Sonne strahlt

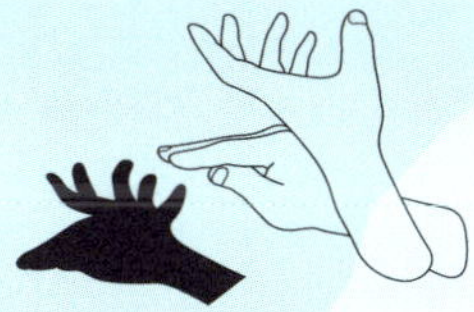

TIPP

Wenn du diese Challenge ohne Sonnenlicht umsetzen möchtest, dann schnapp dir einfach eine Taschenlampe und simuliere damit das Licht.

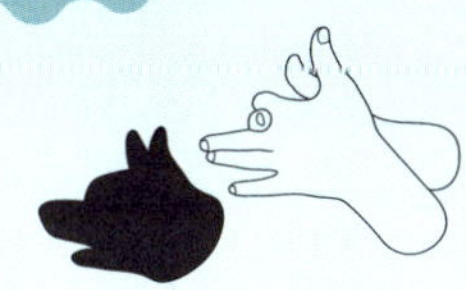

So geht's:

Stelle dich zwischen die Wand und die Sonne. Nun streckst du deine Arme aus und formst mit den Händen verschiedene Figuren, z. B. Symbole oder Tiere. Durch die Sonneneinstrahlung wird ein Schatten deiner Figuren auf die Wand projiziert. Hole dir eine weitere Person zur Hilfe, welche die Schatten-Figuren fotografiert.

Du kannst entweder nur den Schatten an der Wand oder auch deine Hände mitfotografieren.

Hier findest du einige Beispiel für Figuren. Was fällt dir sonst noch ein?

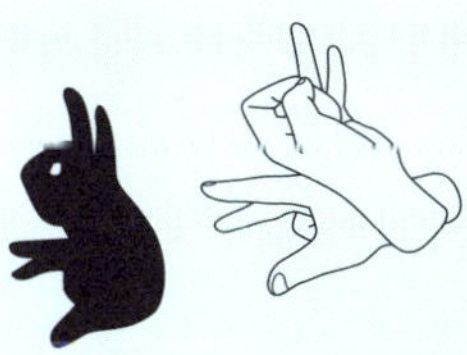

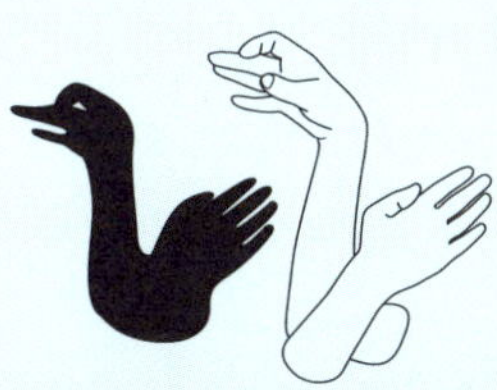

Deine Caption

LET'S FRAME IT!

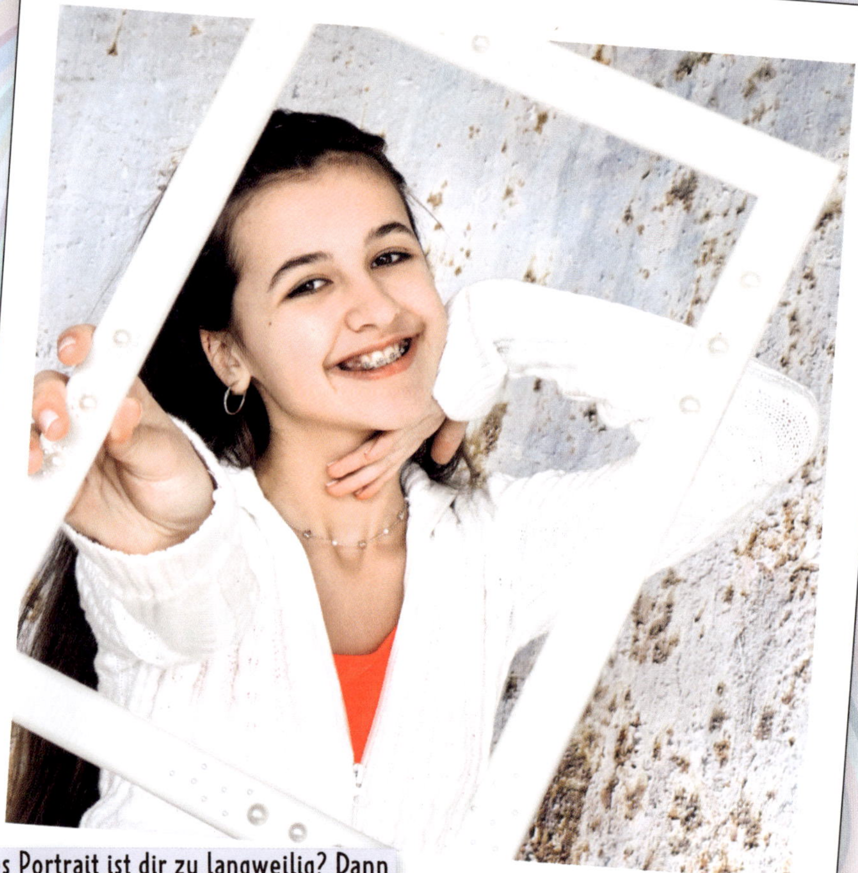

Ein normales Portrait ist dir zu langweilig? Dann schnapp dir einen alten Bilderrahmen und schaffe damit eine zusätzliche Ebene in deinem Bild, die für Spannung sorgt. Außerdem kannst du mit dem Bilderrahmen super spielen.

1+

DAS BRAUCHST DU:

- Bilderrahmen
- evtl. Deko zum Verzieren, wie Glitzersteinchen, Kunstblumen etc.

TIPP

Wenn du möchtest, verziere deinen Rahmen noch kreativ mit allem, was deine Bastelkiste so hergibt. Deiner Kreativität sind hier keine Grenzen gesetzt.

So geht's:

Nimm die Rückwand und das Glas aus deinem Bilderrahmen. Nun suchst du dir einen passenden Hintergrund. Dies kann eine weiße Wand sein oder auch eine schöne Tapete. Wenn du magst, nimm den Rahmen auch mit nach draußen ins Grüne. Jetzt kannst du kreativ werden: Stecke z. B. den Kopf durch den Bilderrahmen, oder wenn er etwas kleiner ist, schaue nur mit einem Auge hindurch.

BEHIND THE SCENES

Deine Caption

PIMP YOUR OUTFIT

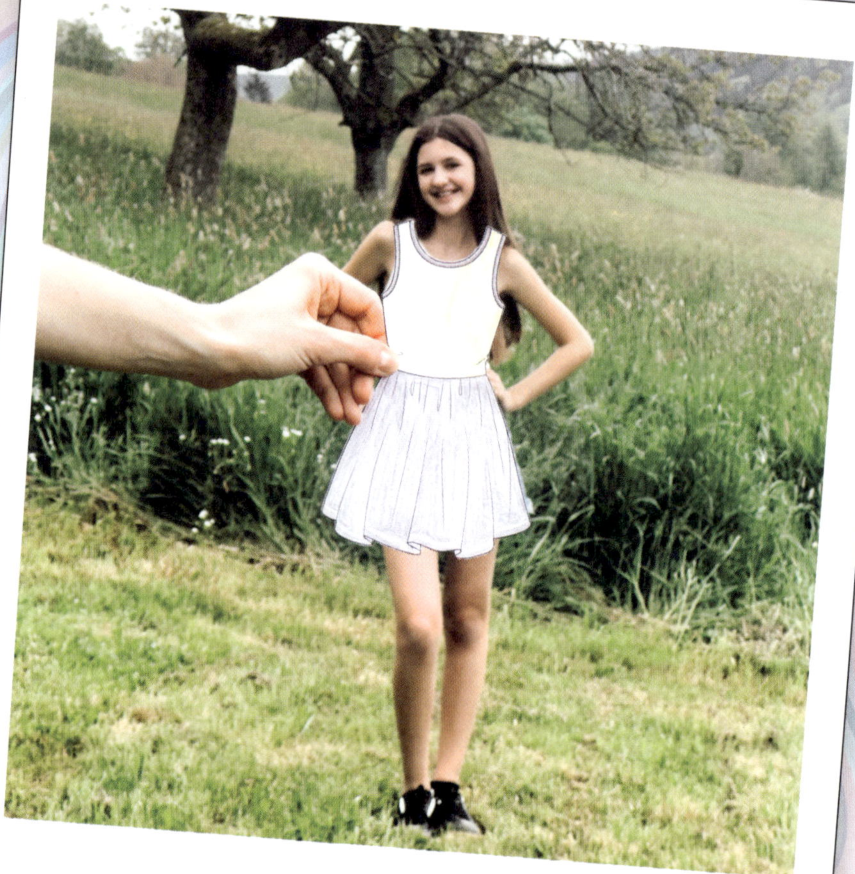

Ein Kleid anziehen, ohne dich umzuziehen? Mit einem kleinen Trick ist das möglich! In dieser Challenge verrate ich dir, wie es funktioniert.

2+

DAS BRAUCHST DU:

- Bunt- oder Filzstifte
- Schere

So geht's:

Als Erstes paust du dir die Vorlage für das Kleid auf S. 93 ab oder schneidest sie direkt aus. Dann kannst du diese in deinen Lieblingsfarben ausmalen. Für das Foto benötigst du eine Person, die dein ausgemaltes Kleid vor die Linse hält. Am besten holst du dir auch eine Person zum Fotografieren zur Hilfe, denn mit dem Selbstauslöser ist die richtige Positionierung des Kleides vor deinem Körper schwierig.

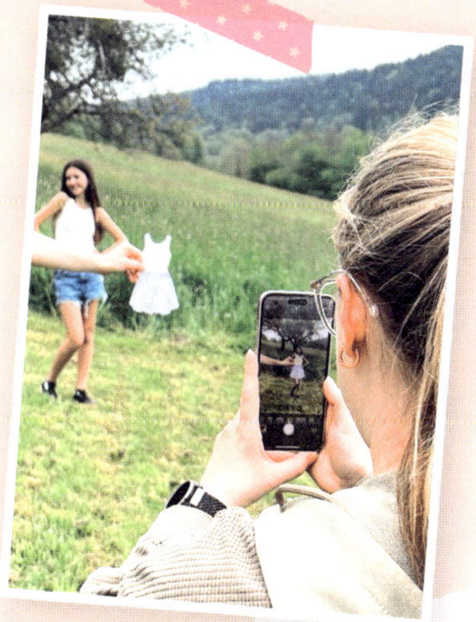

TIPP

Ich hatte für das Bild eine kurze Hotpants und ein Tanktop an, damit auf dem Foto kein Outfit durchblitzt.

MAKING-OF

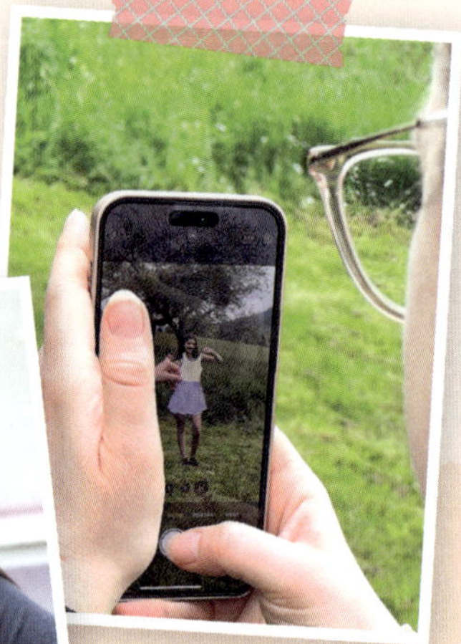

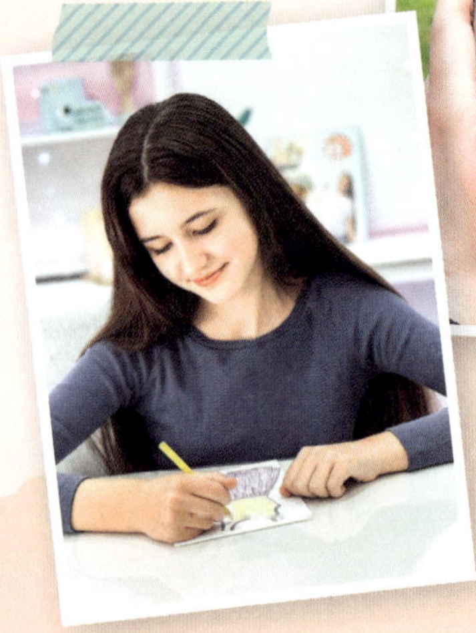

TIPP

Du musst natürlich nicht unsere Vorlage verwenden, sondern kannst dir auch eigene Kleidungsstücke gestalten und ausschneiden.

Deine Caption

CANDY-GIRL

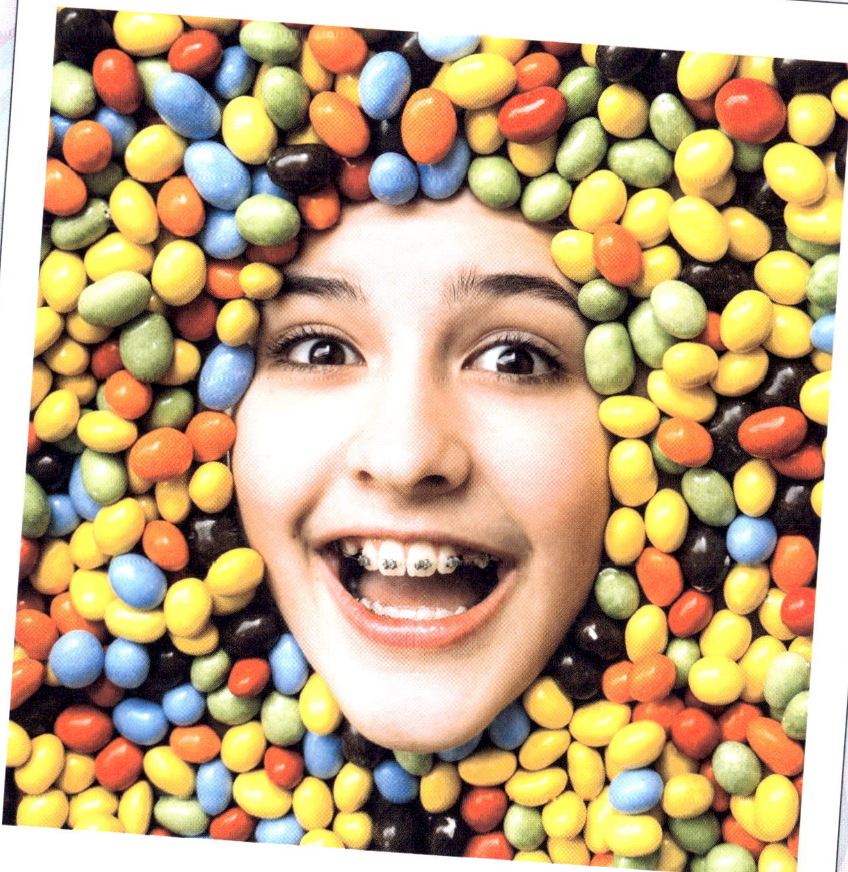

Ein Bad in einem Meer von Süßigkeiten – mit diesem kleinen Trick kannst du ein cooles Foto machen, das ein echter Eyecatcher ist.

2+

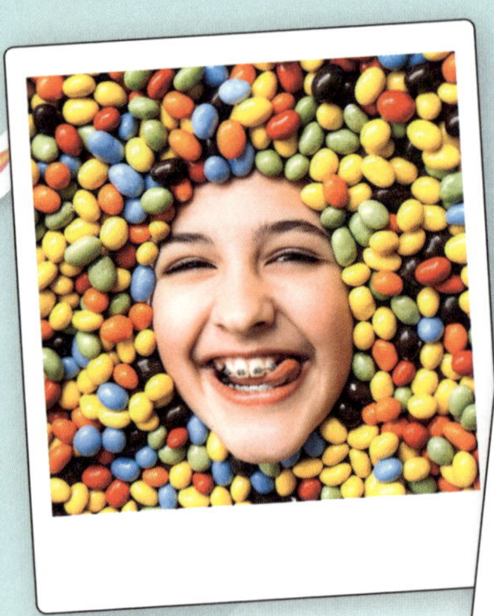

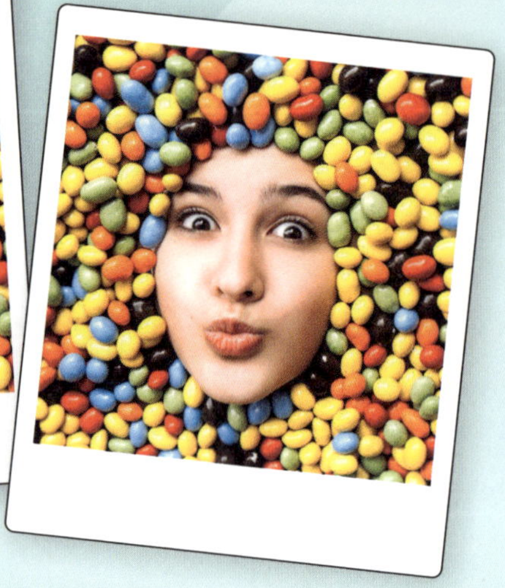

DAS BRAUCHST DU:

- eine Sorte Candy nach Wahl (Schokolinsen, Jelly Beans, Popcorn, Mini-Marshmallows, Fruchtgummi, ...)
- Pappkarton, der etwas größer als dein Kopf ist
- Schere oder Cutter
- evtl. bunte Schminke

So geht's:

Bei dieser Challenge geht es darum, dass dein Gesicht mit Süßigkeiten umrandet wird. Das Besondere hierbei ist, dass nur das Gesicht und die Candys zu sehen sind – kein Hals und kein Körper.

Du benötigst einen Karton, der etwas größer als dein Kopf ist. Schneide nun mittig ein Loch für dein Gesicht aus. Drum herum sollte noch genug Platz für deine Süßigkeiten sein.

Du benötigst eine etwas größere Menge von der ausgewählten Candy-Sorte für die Challenge, damit du den Karton damit füllen kannst. Hol dir dafür eine Person zur Hilfe, welche die Süßigkeiten vorsichtig in der Kiste rund um dein Gesicht verteilt und dann das Foto macht.

MAKING-OF

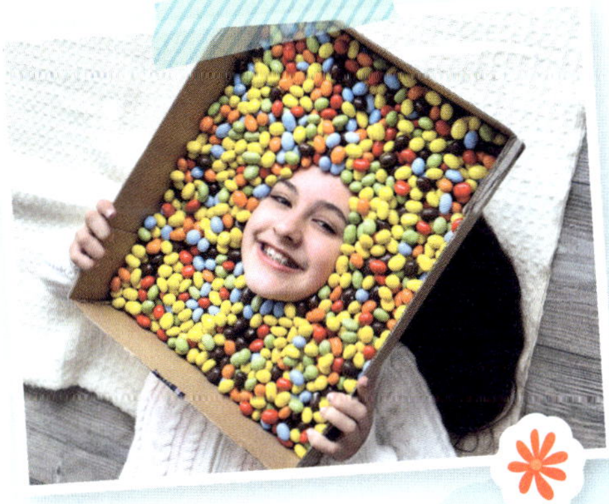

TIPP

Soll dein Bild noch poppiger werden? Dann schminke dich in den Farben deiner Süßigkeiten, z. B. mit knalligem Lippenstift oder Lidschatten.

BEHIND THE SCENES

Deine Caption

CLOSE-UPS

Detail entdecken

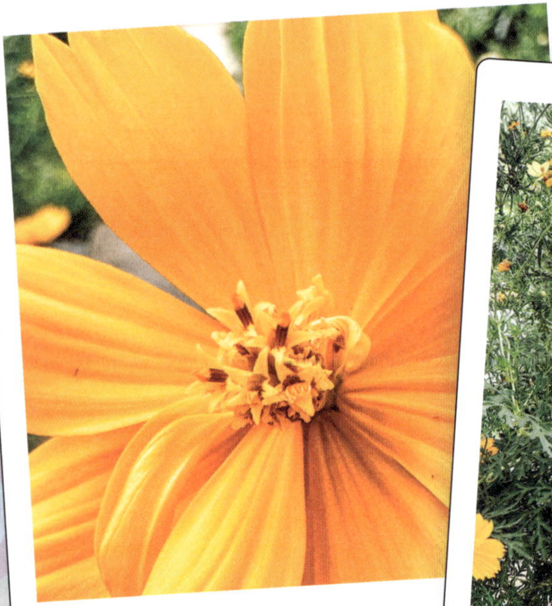

nah dran

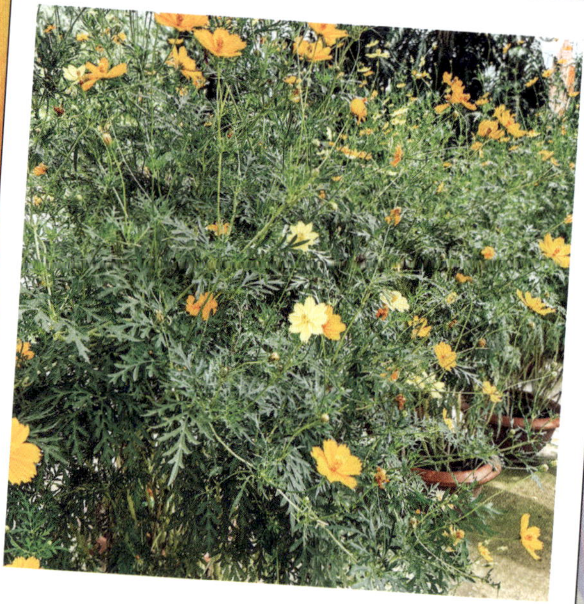

weit weg

Geh doch mal ganz nah ran: Die Welt sieht im Detail oft noch einmal ganz anders aus. Bei dieser Challenge geht es darum, spannende Strukturen zu entdecken und diese aus einer neuen Perspektive zu zeigen.

1+

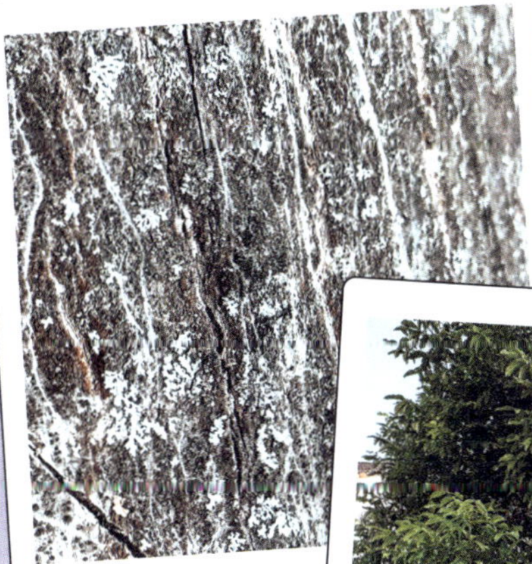

nah dran

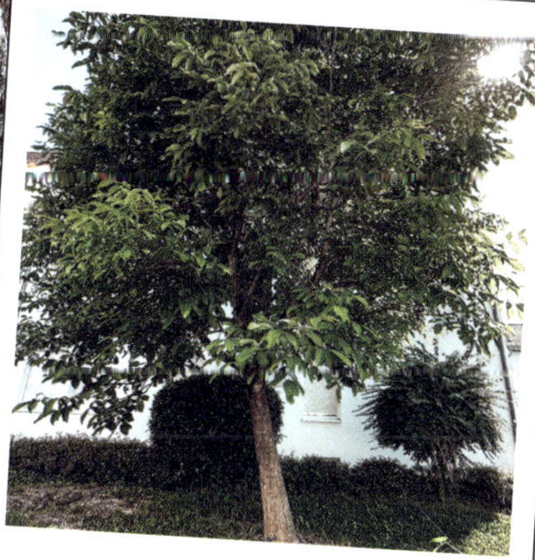

weit weg

TIPP

Fotografiere die Strukturen nicht gerade von oben, sondern ein wenig seitlich, sodass ein Verlauf von vorne nach hinten und somit ein wenig Unschärfe im Hintergrund entsteht.

So geht's:

Gehe mit offenen Augen durch die Welt. Schaue dir Strukturen im Detail an und halte sie fotografisch fest. Wir haben das hier mal mit einem Baum und einer Blume ausprobiert. Du kannst aber auch metallische Strukturen, Blätter oder Insekten verwenden. Vor allem im Winter gibt es tolle Strukturen zu entdecken, z. B. Raureif.

Deine Caption

PERSPEKTIV-SPIELE

zu zweit

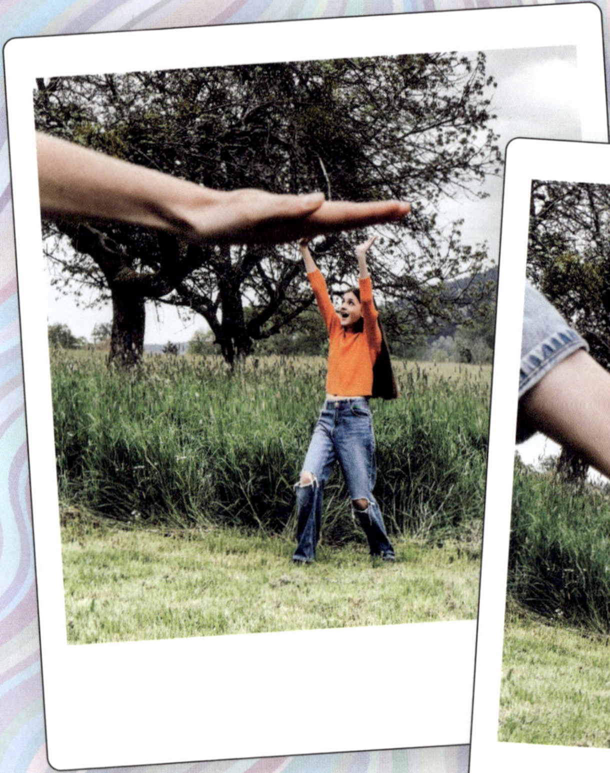

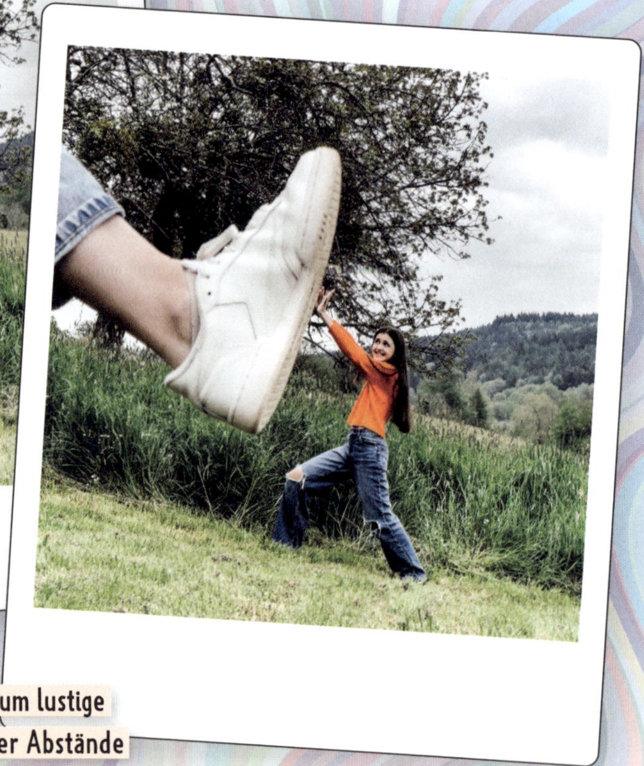

Kreative Perspektiven eignen sich super, um lustige Bilder zu machen. Mithilfe verschiedener Abstände zwischen Person und Motiv entstehen ganz neue Perspektiven, die für einzigartige Effekte auf deinen Fotos sorgen. Schnapp dir deine BFFs, und schon kann's losgehen!

3+

So geht's:

Sucht euch eine Location mit ein bisschen Platz, am besten draußen, z. B. im Garten, auf einem Feld oder im Park. Nun positioniert sich eine Person im Vordergrund und eine weitere Person im Hintergrund. Wir haben nur einen Teil der Person im Vordergrund ins Bild ragen lassen, ihr könnt aber natürlich auch die ganze Person zeigen.

Nun heißt es kreativ sein und ausprobieren: Wie können die zwei Personen witzig miteinander interagieren?

TIPP

Beim Ausrichten der Personen vor der Kamera kann sich auch der/die Fotograf*in nach rechts und links bzw. oben und unten bewegen. Meist denkt man im ersten Moment nur daran, die Personen anzuweisen, wie sie sich positionieren sollen.

Deine Caption

Romantische

LICHTEFFEKTE

Es wird romantisch: Durch eine einfache, kleine Lichterkette kannst du einen spannenden Effekt zaubern, der dein Bild direkt zu einem Hingucker macht.

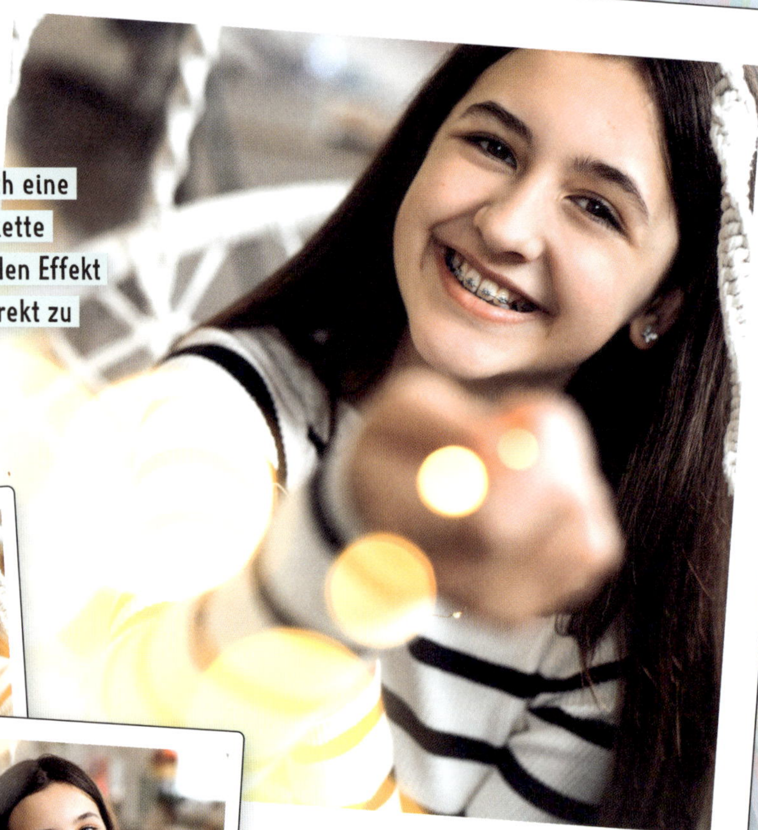

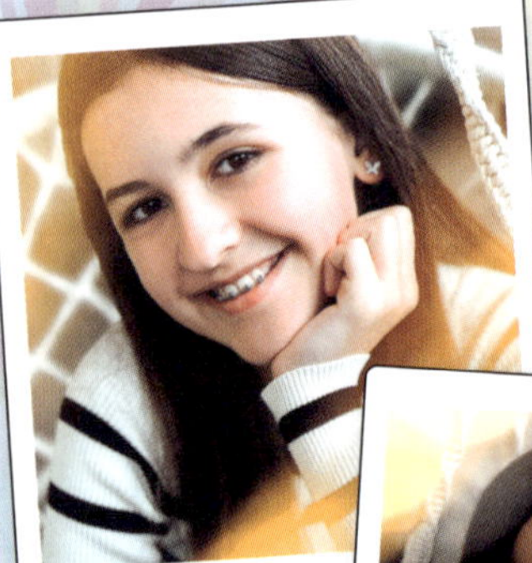

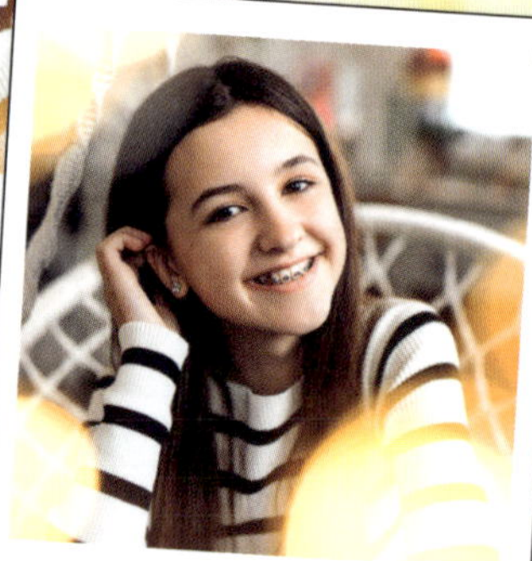

Kamera

1+

DAS BRAUCHST DU:

- kleine Lichterkette, am besten batteriebetrieben

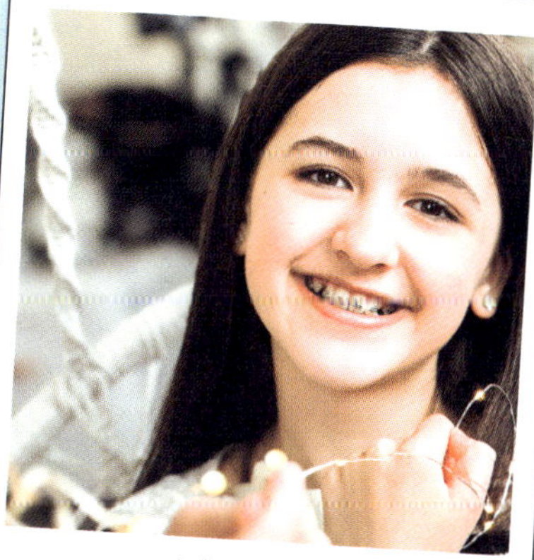

Handy

So geht's:

Für dieses Foto darfst du die Weihnachtsdeko nach Lichterketten durchsuchen. Je kleiner die Lichterkette und die Birnchen, desto besser. Am besten eignet sich eine Lichterkette an einem Draht mit Mini-LEDs, diese sind in der Regel batteriebetrieben. Wenn du eine passende Lichterkette hast, kann es direkt losgehen.

Etwas tricky ist, dass du mit der einen Hand dein Handy bzw. die Kamera festhältst und mit der anderen die Lichterkette. Es bedarf etwas Geduld und Übung, alles unter einen Hut zu bringen. Wenn es dir schwerfällt, suche dir eine Person, die dich beim Halten der Lichterkette unterstützt.

Halte die Lichterkette so vor die Linse, dass in der Mitte noch dein Motiv erkennbar ist. Dadurch erhältst du einen stimmungsvollen Lichteffekt auf deinem Foto. Den Effekt kannst du indoor oder outdoor nutzen, allerdings musst du aufpassen, dass das Umgebungslicht (z. B. die Sonne) nicht zu hell ist, denn dann sieht man die Lichter der Lichterkette schlecht.

TIPP

Falls du eine Kamera mit größerem Objektiv hast, probiere diese Challenge auch mal damit aus. So kannst du die Lichterkette einfacher platzieren. Auf den Kamerafotos ist der Effekt im Vergleich noch deutlicher zu erkennen.

MAKING-OF

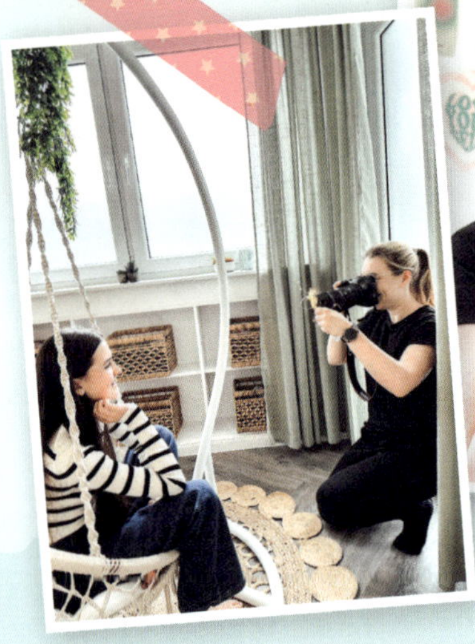

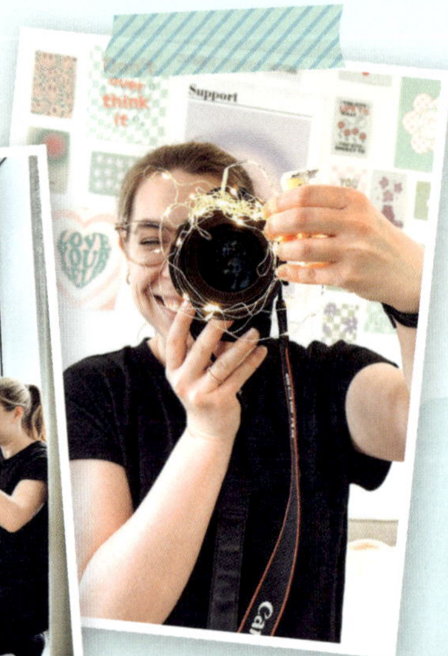

Deine Caption

Foto-Accessoires UPCYCELN

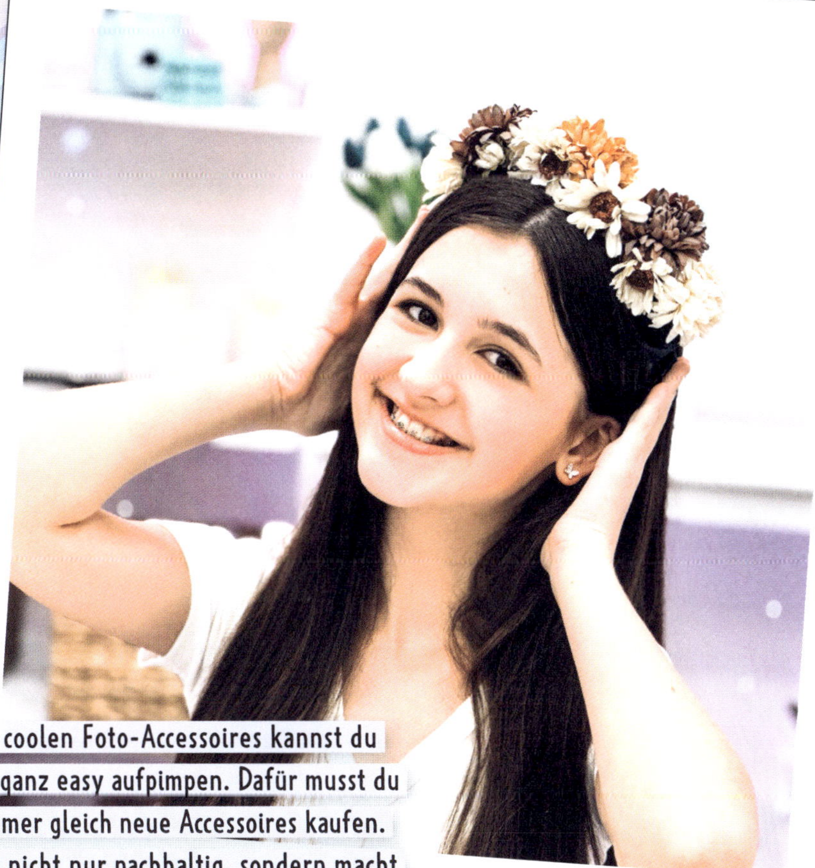

Mit ein paar coolen Foto-Accessoires kannst du deine Bilder ganz easy aufpimpen. Dafür musst du aber nicht immer gleich neue Accessoires kaufen. Upcycling ist nicht nur nachhaltig, sondern macht auch noch richtig Spaß. Ich habe meinen alten Haarreif z. B. ganz easy mit ein paar Blumen verschönert. So wurde er zu einem tollen Hingucker auf dem Foto.

1+

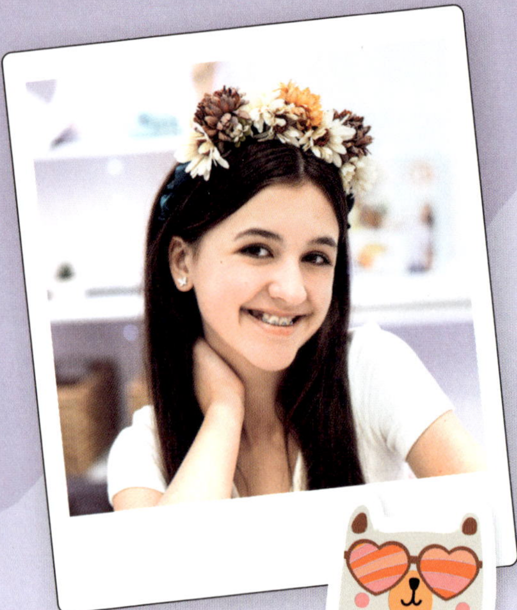

DAS BRAUCHST DU:

- alten Haarreif
- Heißklebepistole
- Kunstblumen

TIPP

Am schönsten sieht es aus, wenn du so viele Blüten verwendest, dass du sie eng aneinanderreihen kannst, damit keine Lücken dazwischen entstehen.

So geht's:

Entferne bei deinen Kunstblumen als Erstes die Stiele, falls welche vorhanden sind. Klebe die Blumen nun vorsichtig auf den Haarreif. Lass dir beim Arbeiten mit Heißkleber am besten von einem Erwachsenen helfen.

MAKING-OF

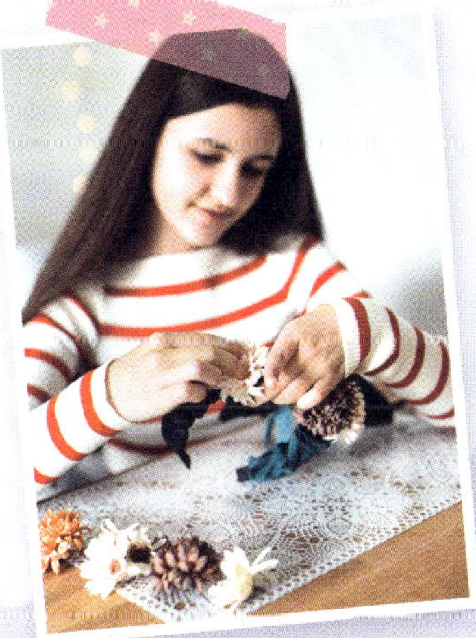

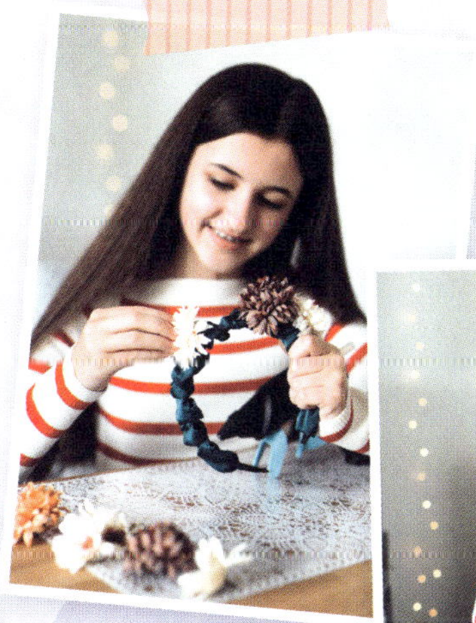

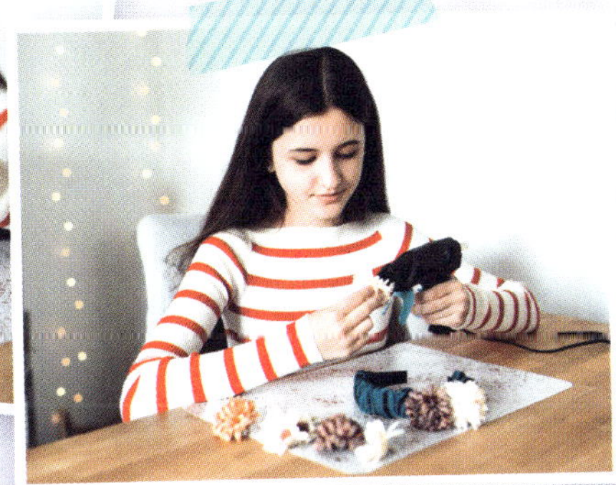

Deine Caption

BILD IM BILD

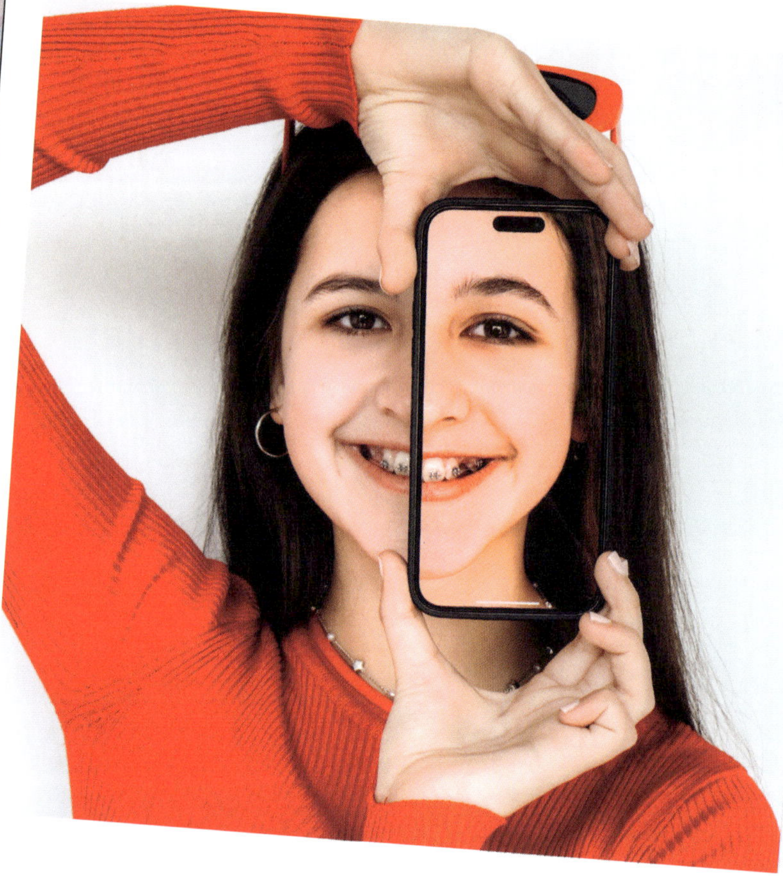

Mit einfachen Mitteln kannst du eine besondere Spannung im Bild erzeugen. Schnapp dir das Handy deiner Mutter oder BFF, und los geht's.

1+

DAS BRAUCHST DU:

- ein zweites Smartphone

TIPP

Diese Challenge funktioniert natürlich nicht nur mit Menschen. Du kannst sie auch in der Natur super umsetzen, z. B. mit nur einem Arm im Bild, der das Handy mit dem Ausschnitt-Bild hält.

So geht's:

Fotografiere zunächst dein gewünschtes Motiv bzw. deinen Bildausschnitt mit dem Handy. Dann öffnest du das fotografierte Bild auf dem Handy. Das Handy hältst du nun aus derselben Perspektive vor die eben fotografierte Stelle und ersetzt sozusagen das „echte Motiv" bzw. „den echten Ausschnitt" durch das fotografierte Bild auf dem Handy und machst ein neues Foto (mit einem anderen Handy oder einer Kamera) mit mehr Platz außen herum.

Deine Caption

WASSERTROPFEN-SPIEGELUNGEN

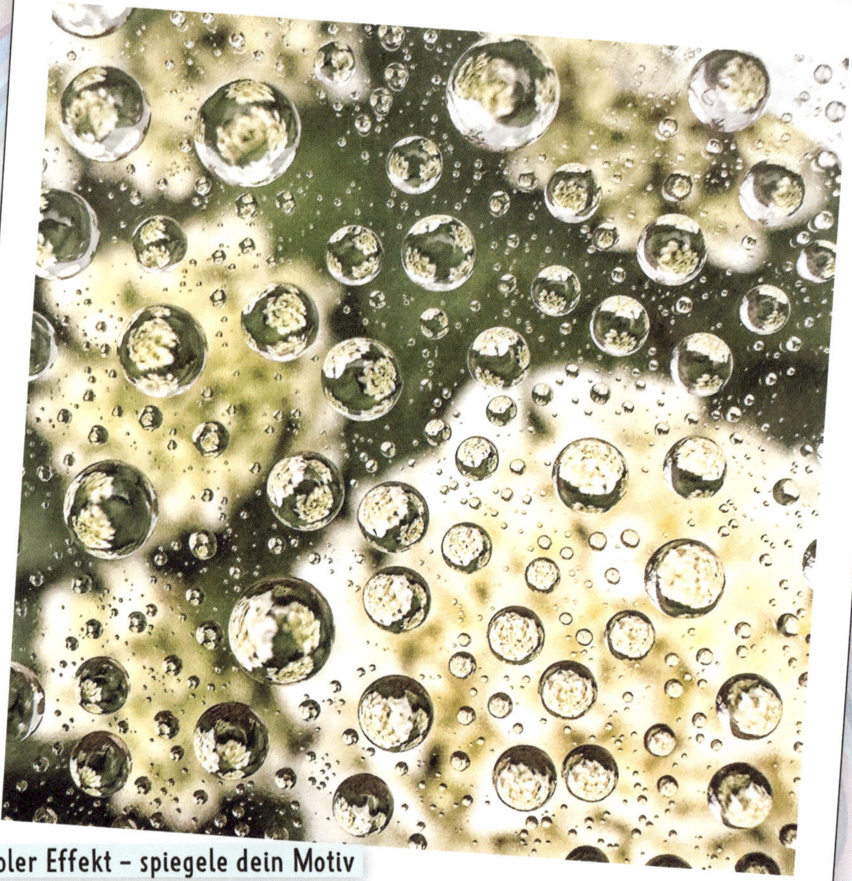

Ein supercooler Effekt – spiegele dein Motiv mehrfach in vielen Wassertropfen. Bei dieser Challenge macht es besonders viel Spaß, herumzuexperimentieren und dabei immer wieder neue kreative Fotos entstehen zu lassen.

1+

DAS BRAUCHST DU:

- Sprühflasche, gefüllt mit Wasser
- Glasscheibe, z. B. aus einem Bilderrahmen

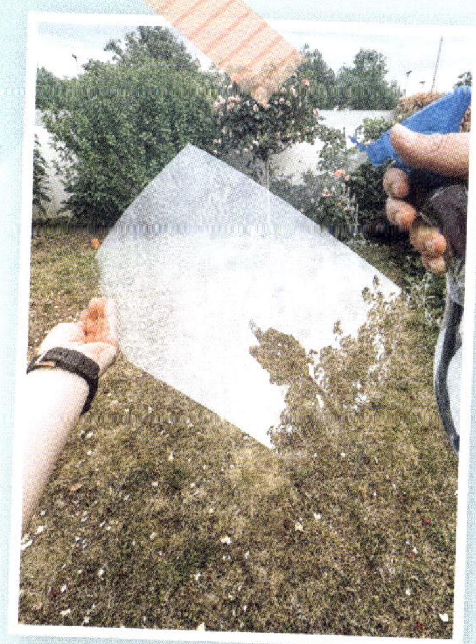

So geht's:

Besprühe deine Glasscheibe mit Wasser. Halte diese dabei parallel zum Boden, damit die Wasserperlen nicht am Glas herunterlaufen. Platziere die mit Tropfen benetzte Glasscheibe nun über deinem Motiv. Variiere ein wenig in der Höhe und schaue, bei welcher Entfernung sich das Motiv gut in den Tropfen spiegelt. Und schon kann das Fotografieren losgehen.

TIPP

Je öfter du Wasser auf die Scheibe sprühst, desto mehr laufen die Tropfen zusammen und bilden dadurch größere Tropfen, in denen du dein Motiv spiegeln kannst.

Deine Caption

BLURRY-EFFEKT

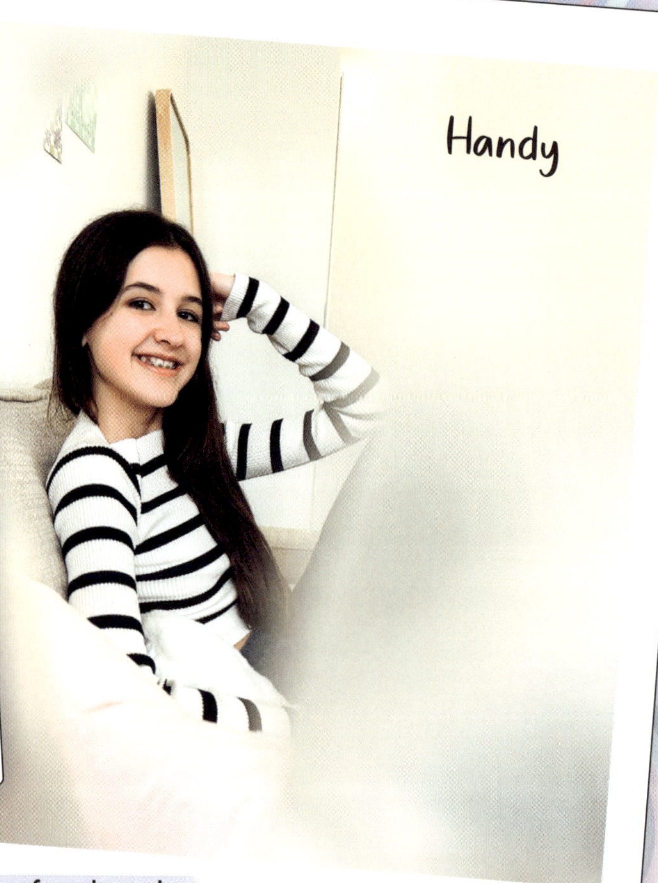

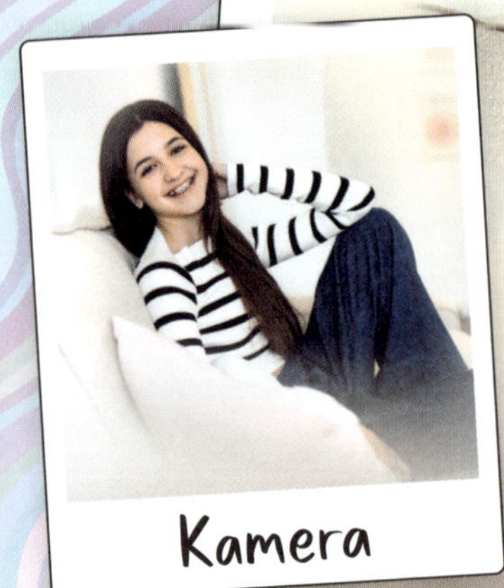

Spannende Effekte lassen sich aufwendig in der Bildbearbeitung herstellen. Aber du kannst sie auch ganz easy mit einfachen Mitteln direkt beim Fotografieren erzeugen.

1+

DAS BRAUCHST DU:

- kleine, durchsichtige Plastiktüte

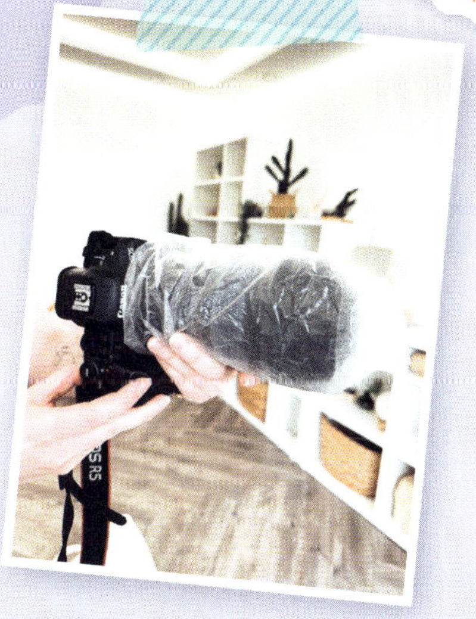

So geht's:

Scheide zuerst ein Loch in den Boden der Plastiktüte. Nun stülpst du die Tüte über dein Kameraobjektiv bzw. hältst sie vor die Fotolinse deines Handys. Die Ränder der Linse sollten nun von der Tüte bedeckt sein. Die Plastiktüte sorgt auf deinem Foto für einen unscharfen Effekt am Rand. Du kannst nun nahezu jedes Motiv mit diesem Effekt fotografieren – egal ob Natur oder Personen.

TIPP

Mit einer professionellen Kamera bekommst du in der Tüte etwas mehr Unschärfe hin, sodass diese noch dezenter wirkt.

Deine Caption

MOBILE MIRROR

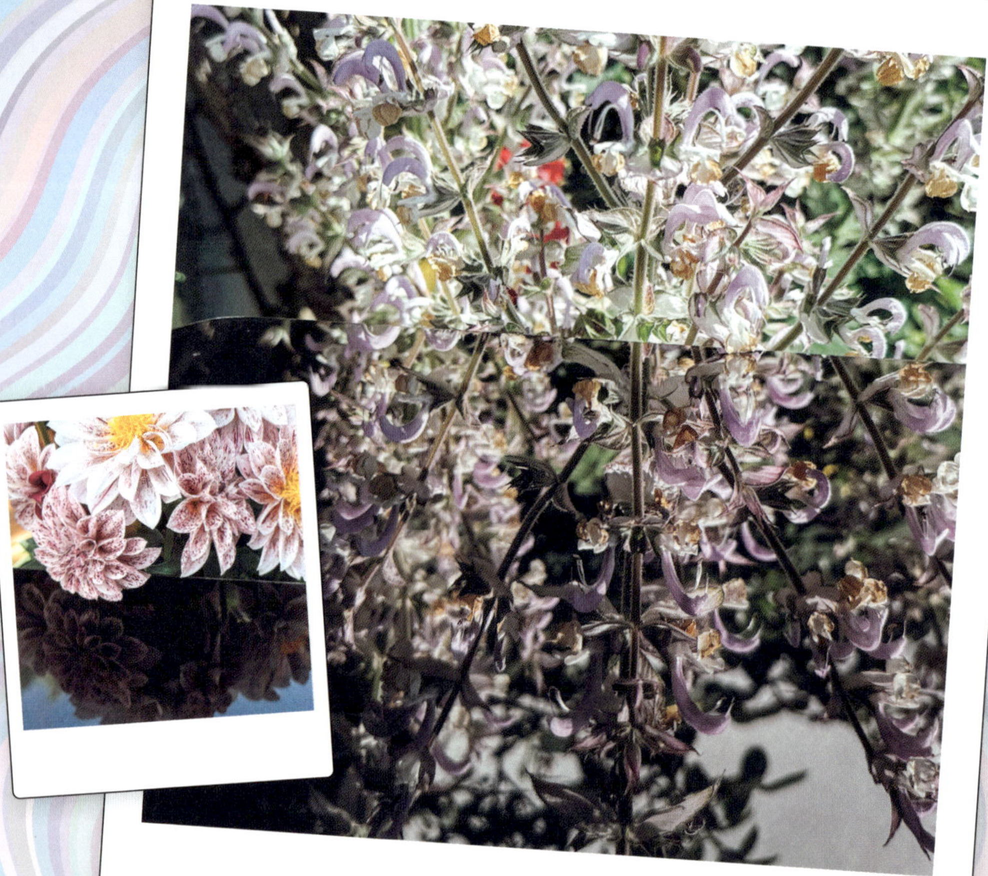

Mit einem zusätzlichen Handy oder Tablet kannst du ganz easy spannende Spiegel-Effekte erzeugen und deine Fotoobjekte in Szene setzen.

1+

DAS BRAUCHST DU:

- zusätzliches Handy oder Tablet

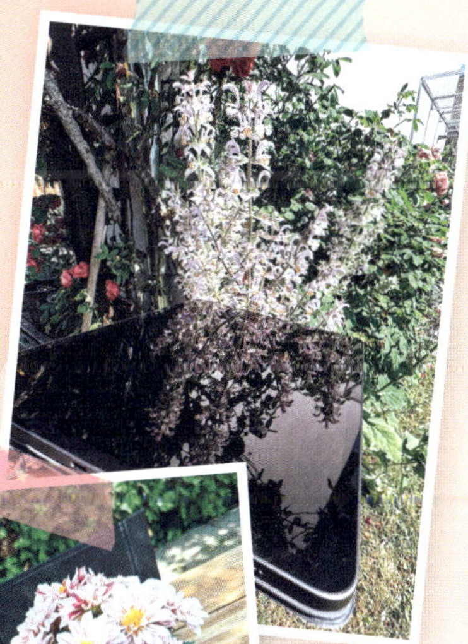

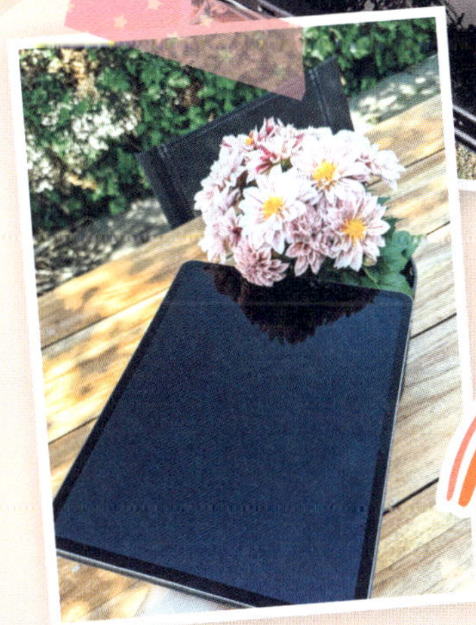

So geht's:

Du kannst diesen Effekt mit einem Handy oder Tablet umsetzen. Je größer das Gerät, desto mehr Spiegelfläche hast du.

Lege dein Gerät entweder vor deinem Motiv auf den Boden oder halte es in der Hand. Platziere die Kamera bzw. das Objektiv von deinem Handy, mit dem du fotografieren möchtest, direkt über dem spiegelnden Display. Nun kannst du durch Neigung der Spiegelfläche das sich spiegelnde Objekt verändern. Suche dir den für dich passenden Winkel und fotografiere dein Motiv.

TIPP

Reinige die Oberfläche des mobilen Gerätes, das du zur Spiegelung nutzt, noch einmal, sonst sieht man unschöne Flecken auf deiner Spiegelung.

Deine Caption

LIKE A FAIRYTALE

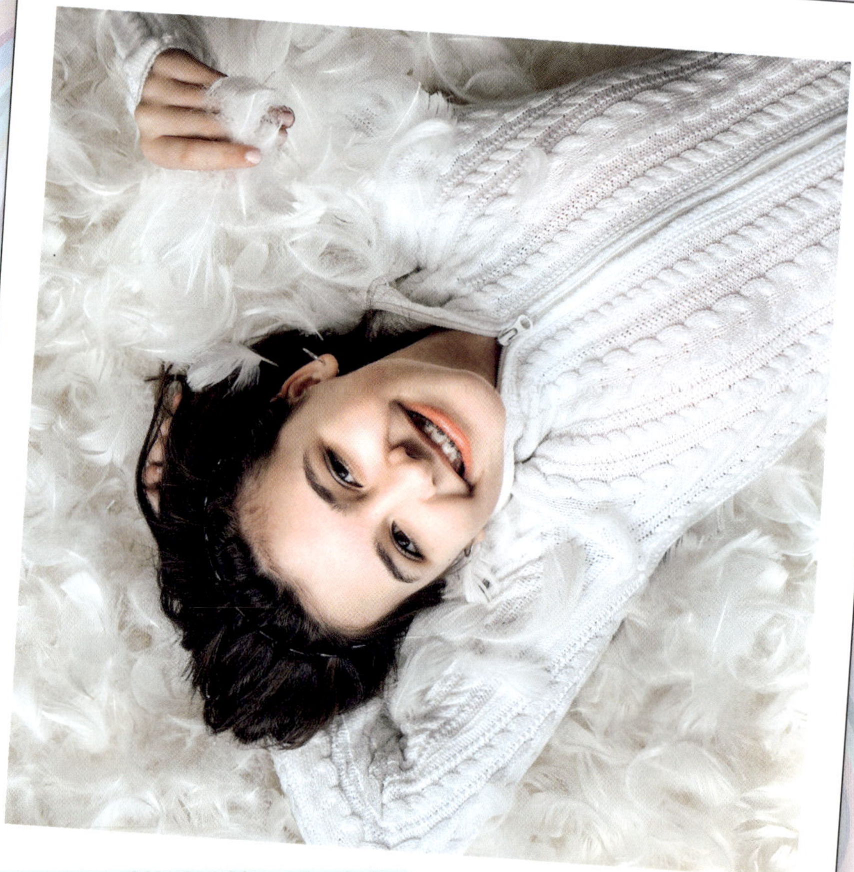

Ein Foto wie aus einem Märchenfilm – durch die Federn und die Perspektive wirkt es auf diesem Foto ein wenig so, als würdest du auf einer fluffig weichen Wolke schweben.

2+

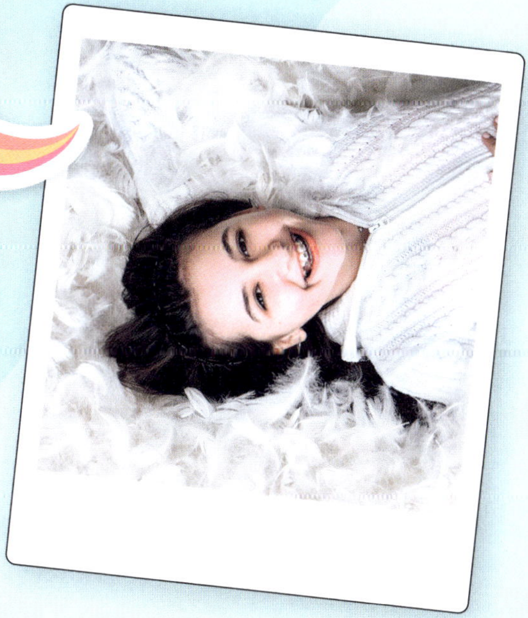

DAS BRAUCHST DU:

- viele Federn
- evtl. ein Oberteil in derselben Farbe wie die Federn

So geht's:

Schnapp dir deine BFF und schon kann es losgehen: Eine Person legt sich auf den Boden, und die andere drapiert die Federn um das Gesicht. Die Fotos entstehen nun von oben. Für das Foto am besten so nah rangehen, dass nur noch das Gesicht und die Federn drumherum zu sehen sind. Anschließend könnt ihr die Rollen tauschen, damit auch die andere Person ein märchenhaftes Foto erhält.

TIPP

Lege dich auf ein Laken, das dieselbe Farbe wie die Federn hat. Dadurch fallen Lücken weniger auf. Ein Oberteil in dieser Farbe lässt dein Foto noch harmonischer wirken.

MAKING-OF

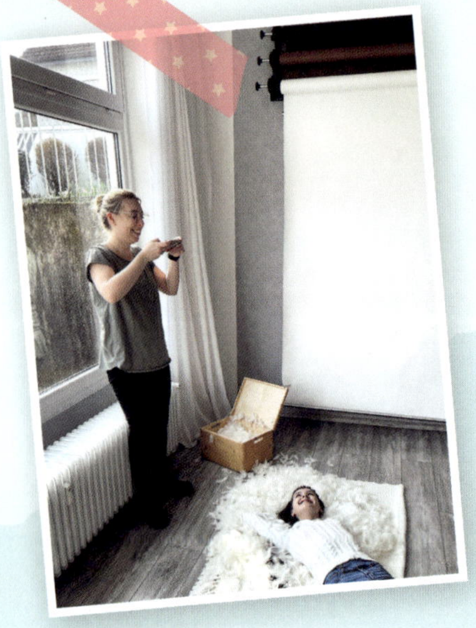

BEHIND THE SCENES

Deine Caption

KONFETTI-PARTY

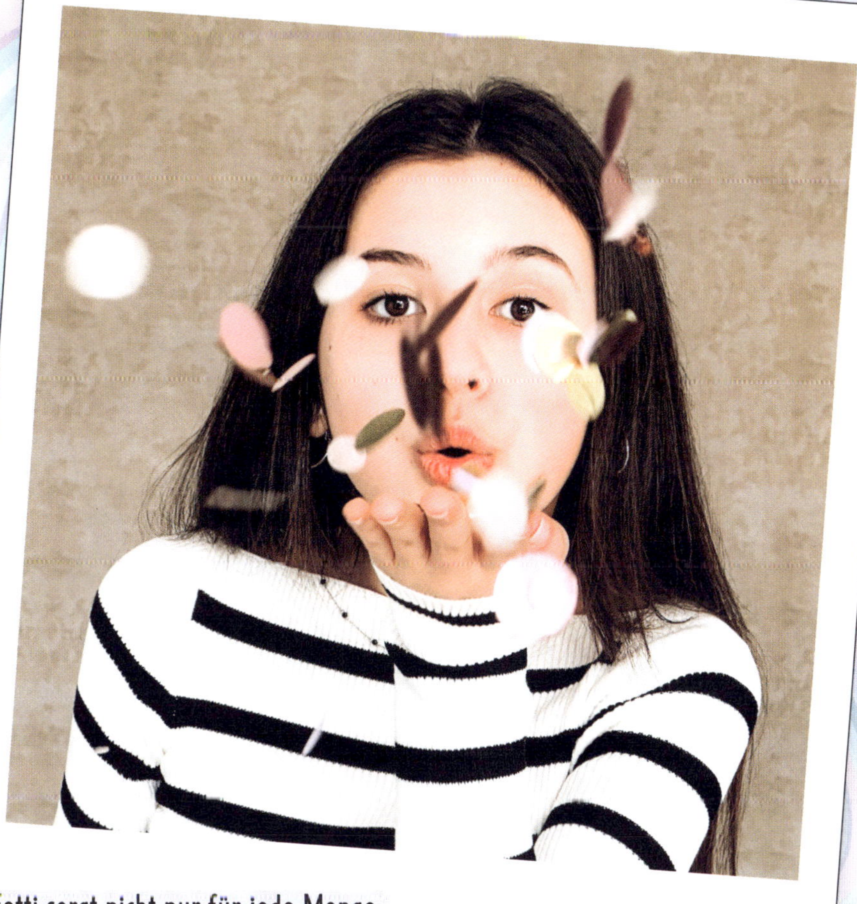

Buntes Konfetti sorgt nicht nur für jede Menge Spaß auf deiner Party, sondern sieht auch auf deinen Fotos super aus. Fun-Faktor: 100 %!

2+

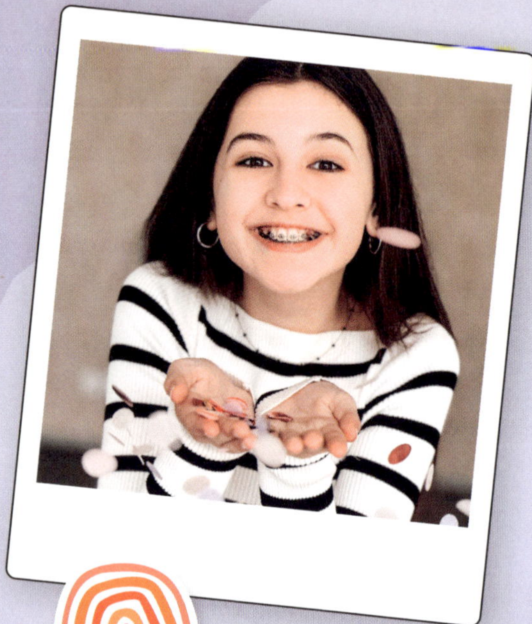

DAS BRAUCHST DU:

- Konfetti
- Staubsauger (für danach)

So geht's:

Diese Challenge macht besonders viel Spaß, wenn du sie gemeinsam mit deinen BFFs umsetzt. Aber ich habe es auch alleine mit Selbstauslöser ausprobiert. Suche dir einen schönen Spot und wirf das Konfetti über dir in die Luft oder puste es in die Kamera. Wenn du die Challenge mit deinen BFFs umsetzt, lass sie das Konfetti über dich werfen.

TIPP

Wenn du kein Konfetti zur Hand hast, kannst du dir einfach buntes Papier oder eine alte Zeitung/Zeitschrift schnappen und mit einem Locher Konfetti herstellen.

MAKING-OF

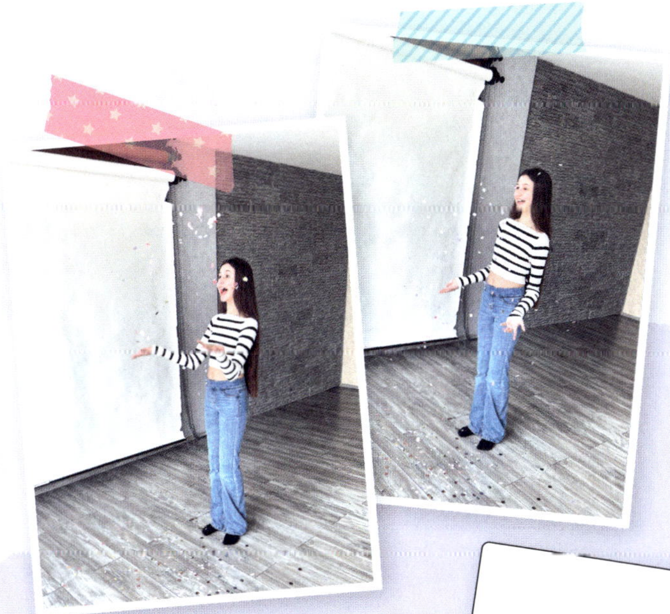

BEHIND THE SCENES

Deine Caption

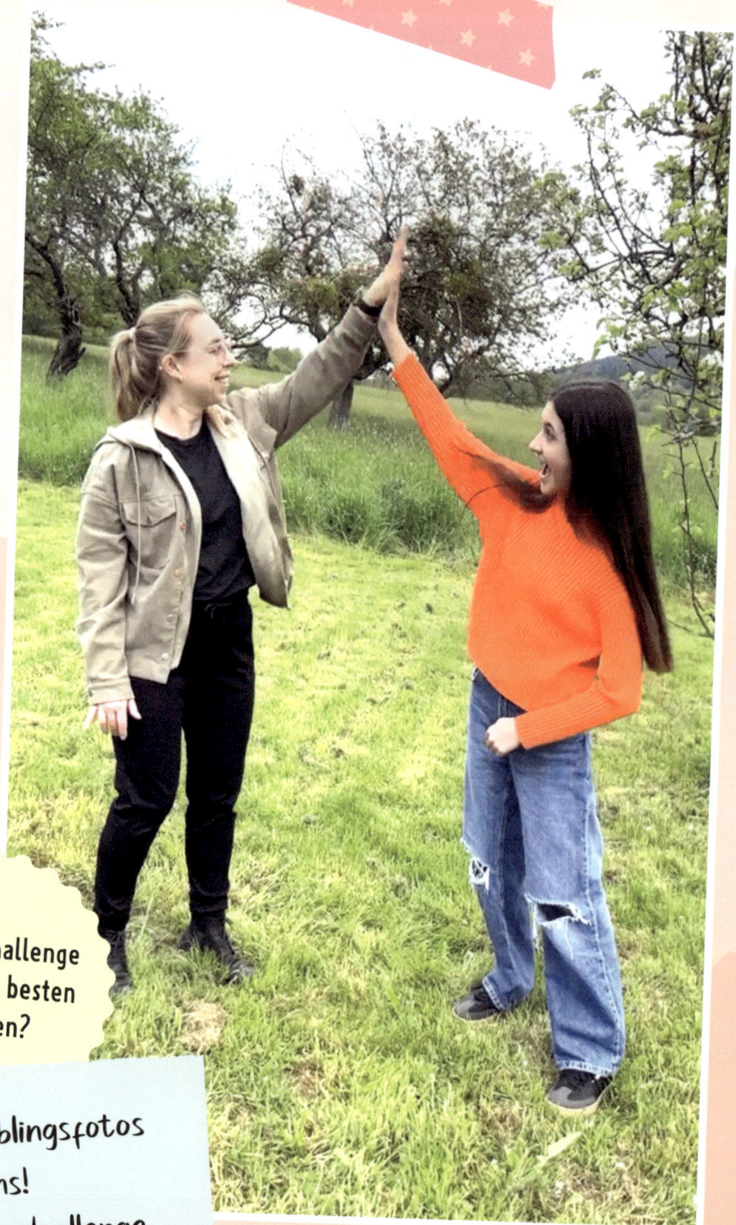

Welche Challenge hat dir am besten gefallen?

Teile deine Lieblingsfotos mit uns!
#allesava_fotochallenge

Avas Fotobooth
Accessoires

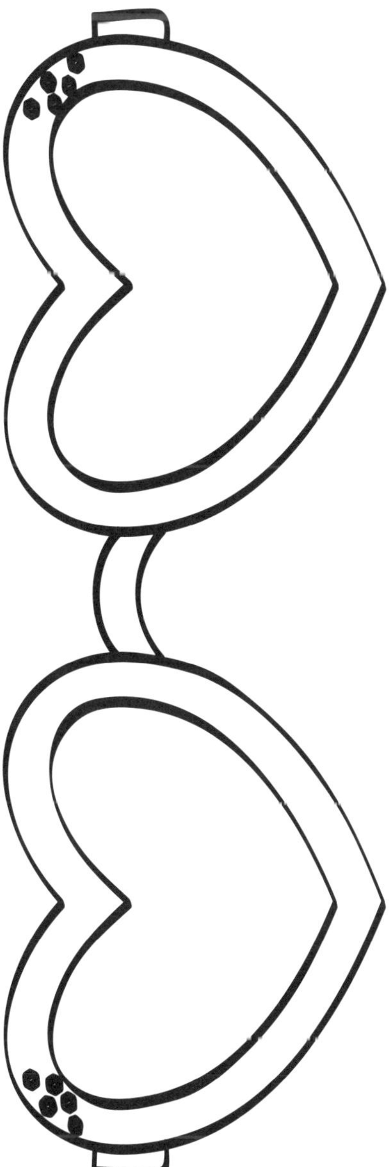

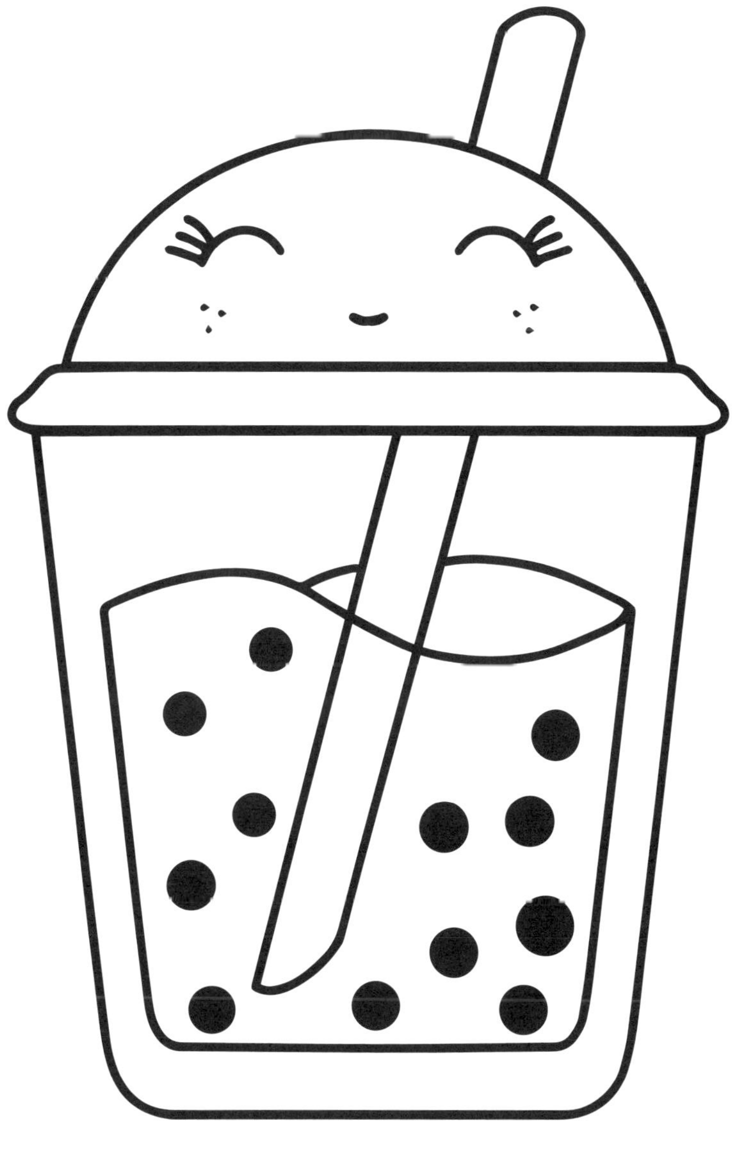

Avas Fotobooth
Accessoires

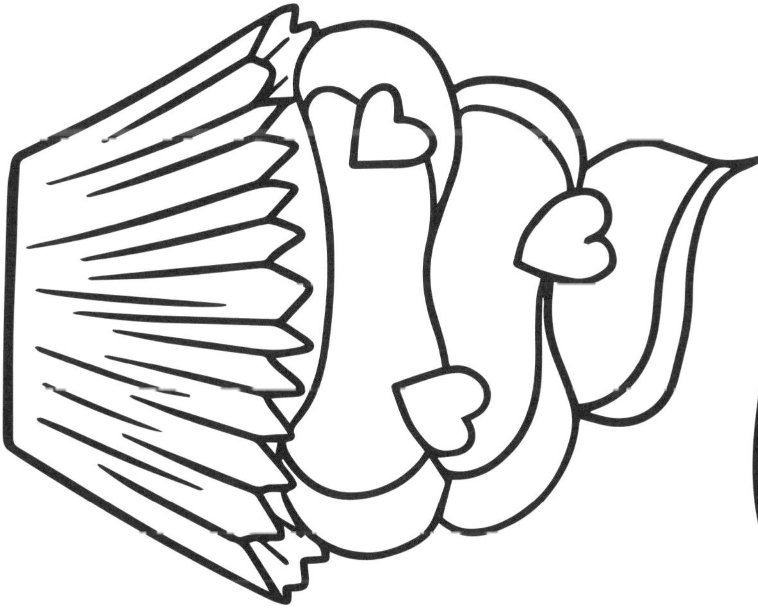

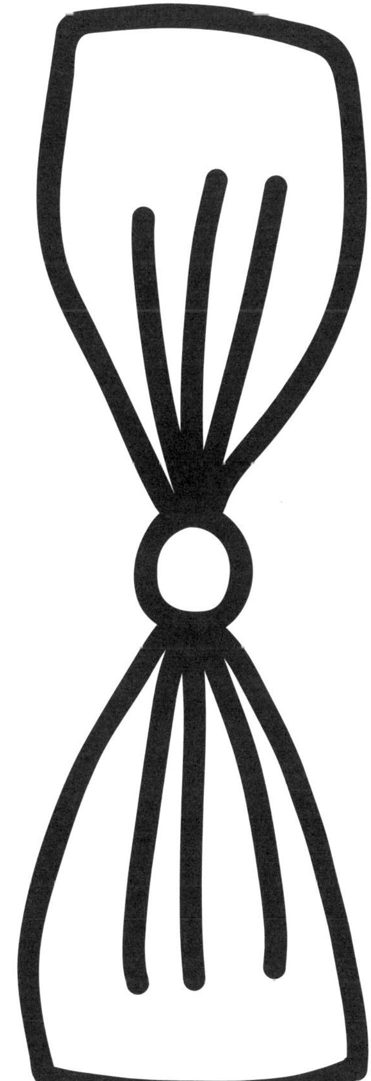

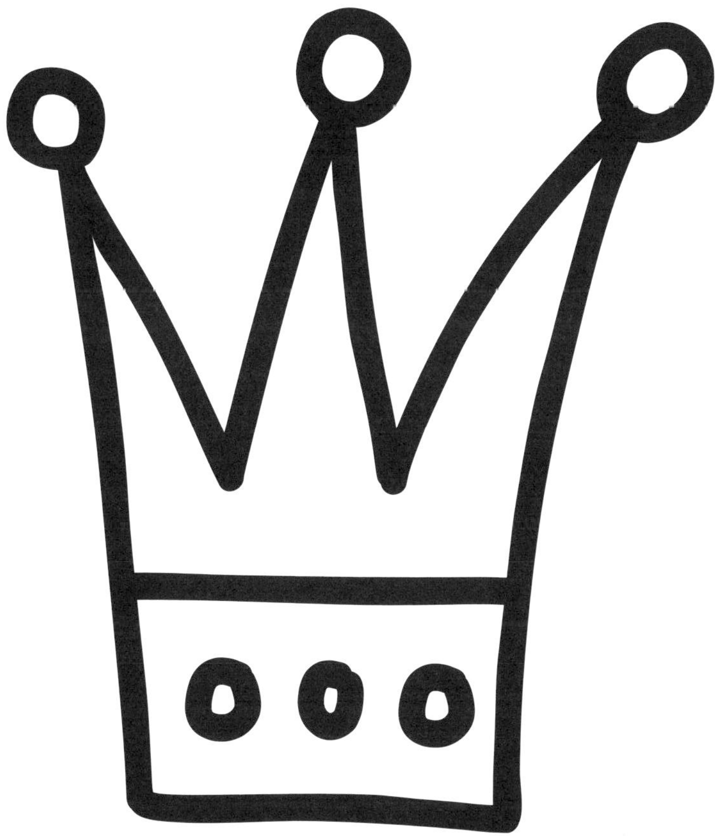

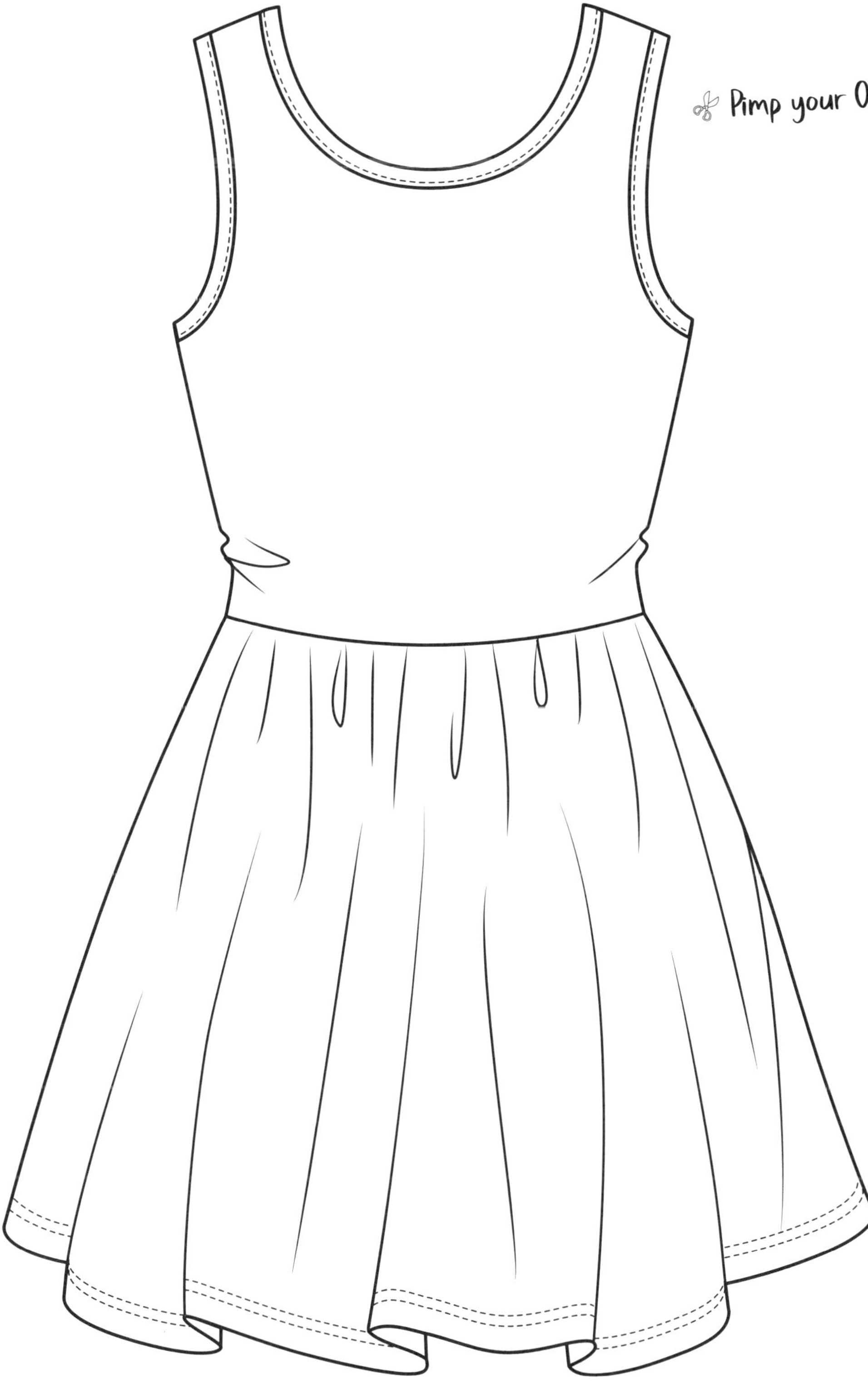

Pimp your Outfit

NOCH MEHR VON AVA

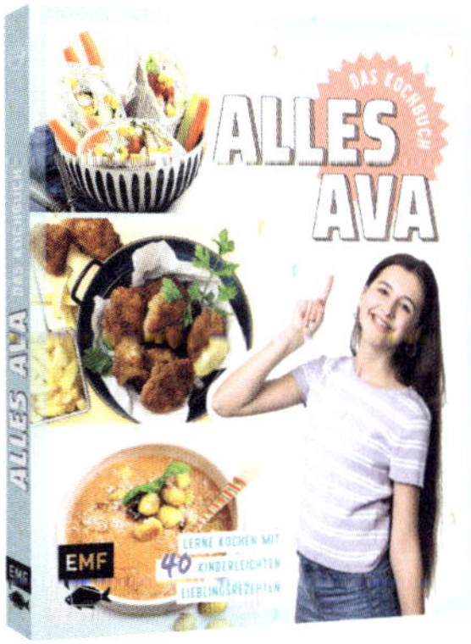

Alles Ava – Das Kochbuch für Teenager

Lerne kochen mit 40 kinderleichten Lieblingsrezepten, Kochtipps und Schritt-Fotos: Pizza-Pfannkuchen, Pausenbrot-Spieße, Frozen Yogurt Bites und mehr

978-3-7459-1456-6

18,00 € (D) / 18,50 € (A)

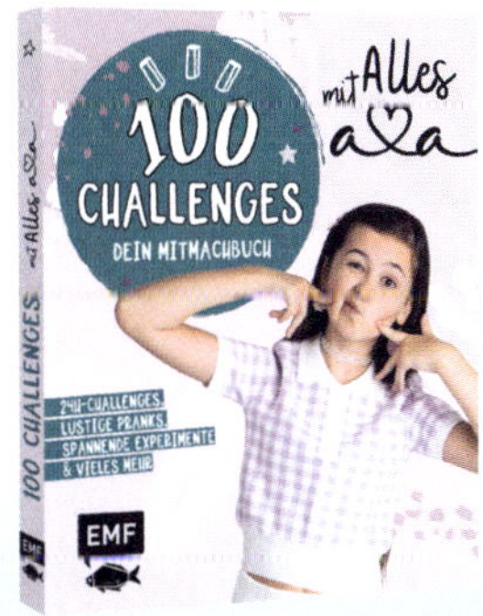

Alles Ava – 100 Challenges – Dein Mitmachbuch vom erfolgreichen YouTube-Star

24h-Challenges, lustige Pranks, coole BFF-Ideen, DIYs, spannende Experimente und vieles mehr

978-3-7459-0923-4

12,99 € (D) / 13,40 € (A)

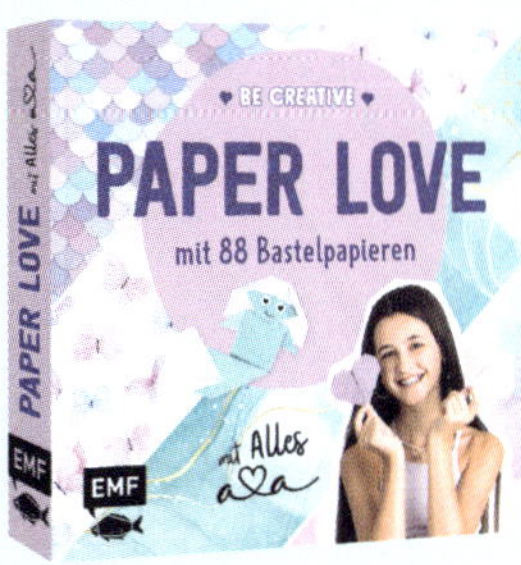

Be creative – Paper Love mit Alles Ava

Easy DIY-Projekte mit 88 ava-tastischen Bastelpapieren zum Sofort-Loslegen

978-3-7459-1578-5

12,00 € (D) / 12,40 € (A)

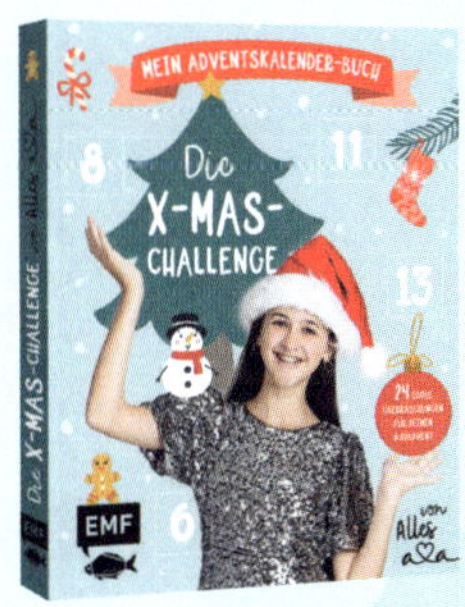

Mein Adventskalender-Buch: Die X-mas-Challenge von Alles Ava

24 coole Überraschungen für deinen #avadvent: DIYs, Challenges, Rezepte und vieles mehr – Mit perforierten Seiten zum Auftrennen

978-3-7459-1450-4

16,00 € (D) / 16,50 € (A)

IMPRESSUM

Bibliografische Information der Deutschen Bibliothek.

Die Deutsche Bibliothek verzeichnet diese Publikation in der Deutschen Nationalbibliografie.
Detaillierte bibliografische Daten sind im Internet über http://www.dnb.de/ abrufbar.

EIN BUCH DER EDITION MICHAEL FISCHER

1. Auflage 2023

Covergestaltung: Theresa Maringer

Produktmanagement und Lektorat:
Katharina Steinbach

Layout und Satz: Carolin Mayer

Fotos: Sarah Kastner, Liederbach am Taunus

Bildnachweis: Sämtliches Bildmaterial stammt von Shutterstock: Cover: © Lena Pronne (Kamera), © s_maria (Hintergrund), © Valeriia Soloveva (Herz); Innenteil: © s_maria (Hintergrund), © Polina Tomtosova (Washi-Tape), © Blessed Graphix (Icons), © Mio Buono, © alenakoval_art (Schmuckelemente), © Katerina Pogrebnyak, © natsa, © Digital Draw Studio, © Elena Verkhoturova, © Platova Lera (Fotobooth), © JPfashionstudio (Pimp your Outfit), © VikiVector (Schattenspiele).

ISBN 978-3-7459-1806-9

Gedruckt bei Polygraf Print, Čapajevova 44, 08001 Prešov, Slowakei

www.emf-verlag.de